Alors si on ne punit pas,

on fait comment ?

À tous les enfants, à tous les ADO-rables qui essayent de grandir comme ils peuvent…

À tous les adultes qui essayent comme ils peuvent de les aider à grandir !

Marie-Jeanne Trouchaud

Alors si on ne punit pas, on fait comment ?

FIRST
ÉDITIONS

Tous les exemples qui illustrent cet ouvrage sont réels dans l'esprit mais ont été aménagés pour préserver l'anonymat des personnes.

ISBN : 978-2-412-09035-0
Dépôt légal : août 2023
Imprimé en France par CPI (174838)

Direction éditoriale : Marie-Anne Jost-Kotik
Responsable éditoriale : Rose-Marie Di Domenico
Suivi éditorial : Julie Mege
Relecture : Clémentine Coudray
Mise en pages : Ma petite FaB – Laurent Grolleau

Éditions First
92, avenue de France, 75013 Paris
Tél. : 01 44 16 09 00
E-mail : firstinfo@efirst.com
Site Internet : www.editionsfirst.fr

Avant-propos

J'ai 76 ans et je ne me souviens pas d'avoir été punie dans mon enfance... Oui, une fois, peut-être, j'ai été grondée par des parents qui se retenaient de rire ! Je devais avoir 5 ou 6 ans... je mangeais le chocolat du goûter... et je jetais le pain par-dessus le piano pour m'en débarrasser. Bien entendu, lors du grand ménage de printemps, quand le piano a été déplacé, on a découvert un petit tas de quignons. Cet épisode ne m'a pas traumatisée car ce n'était pas une pratique éducative courante employée par mes parents. Je me souviens pourtant d'avoir découvert à cette occasion que mes actes avaient une conséquence et qu'il me faudrait assumer ce que je faisais. (On m'a invitée à ramasser moi-même les objets du délit !) Je suis sortie de la pensée magique... (J'imaginais sans doute que le pain disparaîtrait ?). Je suis aussi sortie de l'immédiateté. Gronder, expliquer, manifester son franc désaccord, froncer les sourcils, ce n'est pas punir. Cette circonstance a été pour moi une occasion d'apprentissage positif car je n'ai pas été humiliée, mais on m'a permis de comprendre quelque chose. Je n'ai à cette occasion perdu confiance ni en moi ni en mes parents. Je suis restée une petite fille, puis devenue une jeune fille, puis une femme curieuse, enthousiaste, cherchant des solutions quand des difficultés se présentent.

Lorsque nous nous retrouvons avec des amis qui ont des enfants, nous sommes confrontés à plusieurs situations :

- parfois, la soirée se passe dans l'énervement, la tension, les cris, les parents tentant de calmer leur progéniture à grands coups de menaces, parfois en criant plus fort qu'eux...

- parfois, les enfants sont polis et silencieux mais de plus en plus souvent rivés à leur téléphone portable ;
- parfois, les enfants sont difficiles à supporter. Ils envahissent l'espace sans que les parents ne leur prêtent la moindre attention ;
- parfois les enfants jouent entre eux, s'amusant franchement, sans dispute. Les parents sont décontractés, souriants, attentifs aux besoins de leurs enfants, sans nervosité, présents dans les discussions entre adultes.

Les parents des trois premières situations pensent alors que les derniers ont bien de la chance d'avoir des enfants sages. Je crois pourtant qu'il y a une confusion : ce ne sont pas des enfants « sages », ce sont des enfants heureux et il serait intéressant de se demander pourquoi… Et si l'attitude des enfants dépendait de l'attitude des parents et pas l'inverse ?

Et si la solution était possible, simple, efficace ? Loin de culpabiliser, les parents peuvent se rendre compte qu'il existe peut-être déjà des clés à portée de leur main dont ils n'avaient pas conscience.

Sommaire

Introduction
La France et le monde en progrès ?

Parents et éducateurs, vous vous posez de vraies questions. Et c'est bien naturel à un moment où l'éducation et la société ont profondément changé… Alors, comment préparer nos jeunes humains à leur future vie d'adulte ? Comment faire en sorte qu'ils trouvent une place dans la société ? Comment leur assurer un avenir sécurisé ? Comment faire pour qu'ils ne gâchent pas leur vie ? Ils auront des efforts à faire pour s'insérer dans la société, pour disposer de choix multiples plus tard, sans penser que tout leur serait dû. Faut-il favoriser l'épanouissement de leur individualité ou l'intégration dans des groupes ? Faut-il passer d'une éducation sévère et punitive à une éducation « laisser-faire » ?

Et si ce choix n'était pas nécessaire… Et si un changement de paradigme en éducation apportait une solution globale, qui n'oblige pas à rechercher la solution entre deux systèmes opposés mais qui permette d'en élaborer un troisième, fait à la fois de la fermeté dont l'enfant a besoin pour se construire, et de la tendresse, tout aussi nécessaire. Mais pas une fois l'un, une fois l'autre, non, une bienveillance qui n'exclurait pas la solidité. Une fermeté qui n'exclurait pas la douceur. Cela demande sans doute de redéfinir ce qu'est vraiment une éducation bienveillante, une éducation constructive : il s'agit d'une éducation qui préparera le jeune humain à vivre, tout au long de sa vie, en adulte équilibré.

Cet ouvrage est destiné avant tout aux parents qui souhaitent que leur jeune humain[1] soit non seulement bien dans sa peau, confiant, à l'aise, mais aussi bien adapté à la société, agréable, calme, capable de relations saines, sachant prendre des responsabilités et les assumer. Capable d'accepter sereinement l'autorité parce qu'il ressent qu'il peut faire confiance à une autorité qui le protège. Capable de vivre paisiblement en société mais sans être un mouton. Capable de se différencier sans affrontement. Capable de vivre des conflits sans crainte de l'exclusion, dans une relation autre que l'habituelle dominant/dominé.

Je destine aussi cet ouvrage à tous les parents qui, en même temps, ne souhaitent pas se retrouver dans la situation d'avoir à crier sur leur petit humain, à le menacer de le punir mais qui ne souhaitent pas non plus être mous ou permissifs et transformer leur enfant en enfant-roi tyrannique. Des parents qui savent qu'il est important d'exister, de savoir dire non, de témoigner. Des parents qui veulent pouvoir construire chez leur jeune un socle solide de confiance en soi, en la vie, en l'autre. Un socle de valeurs qui lui permettront de trouver sa place dans la société pour sa vie d'adulte.

Loin de fournir des solutions toutes faites, je propose avant tout une réflexion, une prise de conscience, un éclairage, afin que chacun puisse trouver en lui-même la bonne solution car chaque enfant est unique, car vous êtes unique, car chaque relation est unique et chaque contexte est unique… Et parce que vous avez envie de réussir la belle mission d'accompagner votre jeune humain pour qu'il soit équilibré à l'âge adulte (sinon, vous ne seriez pas en train de lire ce livre…).

---

1 Tout au long de cet ouvrage, j'emploierai cette appellation : « jeune humain » qui évite d'employer les mots « enfant » ou « adolescent » et regroupe aussi les deux. Il va sans dire que « jeune humain », cela veut aussi dire « jeune humaine » !

Il faut aussi comprendre ce que le changement d'époque a suscité. Longtemps, la punition a été considérée par tout le monde comme bienfaisante, éducative. Et alors, comme personne ne la remettait en question, comme le fait était dans la pensée collective, les enfants n'avaient pas accès à une autre information et considéraient eux aussi cela comme normal. Ils ne se rebellaient donc pas. La discipline était ce qu'il fallait exercer pour avoir fait son devoir de parent. La pensée collective considérait l'éducation comme le moyen de faire entrer dans le moule un enfant-individu qui aurait pris l'habitude d'exécuter les ordres de ses supérieurs et deviendrait ainsi un adulte-mouton… Que ce soit un adulte-mouton ouvrier ou un adulte-mouton chef d'entreprise, son destin était écrit par les générations précédentes, il n'avait qu'à se laisser guider par les éducateurs pour arriver dans la place de puzzle qui lui était prédestinée. Aujourd'hui, chacun peut être plutôt considéré comme une pièce de Lego® qui participera à la construction commune, mais sans pour autant avoir de place prédéterminée. Des chercheurs comme Jean-François Taddéi ont démontré la nécessité de changer de manière pour accompagner les futurs adultes à pouvoir exercer leur intelligence personnelle dans une intelligence collective et à devenir des collaborateurs, plutôt que des exécutants.

Les guerres européennes ont, au siècle dernier, envoyé de bons petits soldats mourir par milliers, quelle que soit leur nationalité. Elles ont abouti à des abominations suscitées par l'obéissance aveugle, le bras tendu en hurlant *Heil !*, mais elles ont aussi suscité l'éveil de la conscience individuelle qui a permis la Résistance.

Ajoutons à cela la diffusion de l'information par la télévision puis par internet.

Tout cela est arrivé par bribes éparses dans la pensée et a posé question aux éducateurs, mais aussi aux jeunes. Le film *Le Cercle des poètes disparus,* par exemple, a profondément marqué une époque et éveillé des questionnements.

Enfin, les découvertes, toutes récentes encore, sur l'évolution du cerveau, sur son immaturité jusqu'autour de 25 ans ont fait prendre conscience de l'inadéquation entre certaines pratiques éducatives et la réalité de ce que peut comprendre ou accomplir un jeune humain.

Tous ces événements ont fait évoluer la pensée collective, et de plus en plus de parents ne souhaitent plus du tout réduire leur enfant à devenir un adulte obéissant aveuglément. Pourtant l'habitude de punir demeure : peut-être parce qu'ils ne savent pas comment faire autrement ? Parce qu'ils ont la sensation que c'est la seule arme dont ils disposent ? Mais faut-il s'armer contre son enfant ?

Alors, prenons exemple, puisque ça existe. Plus de 50 pays avaient déjà interdit les châtiments corporels sur les enfants avant que la France adopte enfin en 2019 une loi en ce sens (incomplète[2], mais en ce sens). D'autres pays ont saisi le problème à bras-le-corps et sont allés bien plus loin : au lieu de punir les enfants, on sanctionne les adultes qui ne respectent pas les enfants… c'est-à-dire qui les punissent de toutes sortes de manières. Dans un livre[3] tout récent, Marion Cuerq raconte comment elle a été choquée, au bon sens du terme (elle appelle

2 L'article 19 de la Convention internationale des droits de l'enfant (CIDE) stipule que « les États parties prennent toutes les mesures législatives, administratives, sociales et éducatives appropriées pour protéger l'enfant contre toute forme de violence, d'atteinte ou de brutalités physiques ou mentales, d'abandon ou de négligence, de mauvais traitements ou d'exploitation, y compris la violence sexuelle, pendant qu'il est sous la garde de ses parents ou de l'un d'eux, de son ou ses représentants légaux ou de toute autre personne à qui il est confié. »

3 *Une enfance en nORd*, Marion Cuerq, Marabout, 2023.

ce choc « un chocolat »), quand elle est arrivée en Suède, à 19 ans. Elle y a découvert un système totalement différent, dans lequel les enfants étaient considérés comme ayant fondamentalement le droit d'être respectés comme tout être humain. Les parents étaient, 40 ans auparavant, farouchement favorables (à 95 %) aux punitions, contraintes, corrections, brimades. Aujourd'hui, ils se déclarent à 95 % totalement opposés à l'idée de punir. Alors a-t-on favorisé en Suède une éclosion d'enfants-rois ? Pas du tout, au contraire. Les observations et statistiques démontrent une société moins violente, des jeunes y consommant moins d'alcool et de drogues...

Là-bas, on a contraint et sanctionné les adultes. Oui, les adultes peuvent être contraints et punis puisqu'ils sont adultes, donc responsables, puisque l'évolution de leur cerveau leur en donne, normalement, la capacité.

Alors, France, pays de Lumières, tarderais-tu à t'éclairer dans ce domaine ?

1
La punition, historique et philosophie

On vient de loin !

Dans un très intéressant ouvrage[4], Olivier Maurel établit un constat difficile à accepter : depuis fort longtemps, les enfants ont été battus cruellement. Il a recensé d'innombrables témoignages et récits dont la littérature regorge et nous lisons cela avec épouvante. Il y a encore deux siècles et depuis le début de la « civilisation », battre un enfant était la manière habituelle de l'éduquer, la « bonne » manière, la normalité. Cela aurait commencé avec le début de la propriété, c'est-à-dire quand on est passé du stade de chasseurs-cueilleurs à celui d'éleveurs-cultivateurs, les enfants ayant alors été dressés pour surveiller la richesse, que représentaient les troupeaux. On sait aussi que les châtiments corporels ne sont interdits en France que depuis juillet 2019 ! Les éducateurs ont peu à peu remplacé les coups et autres fessées par d'autres châtiments : les punitions. Si cela laisse moins de traces visibles sur le corps de l'enfant, cela peut tout de même, selon la répétition et la force des punitions, laisser des traces indélébiles sur l'âme de l'enfant, sur ses émotions, sur la confiance en soi de l'adulte qu'il va devenir.

Cela peut aussi entraîner des difficultés relationnelles ou d'apprentissage, de la violence, à court et à long terme.

---

4 *De l'enfant protégé à l'enfant corrigé. Ou comment l'humanité est devenue maltraitante*, Olivier Maurel, L'Harmatan, 2022.

Je me suis tout d'abord intéressée à ce qu'on entend, dans le langage courant, par punition. Cette recherche dans différents dictionnaires, articles internet, ouvrages philosophiques, m'a paru très intéressante car elle m'a entraînée vers d'autres recherches et réflexions personnelles, sur la faute, l'erreur, la justice, la morale, la correction et plus loin encore... Voici quelques réflexions que je livre au bon sens de chacun.

La faute, l'erreur, la culpabilité

On punit une faute commise ou ce que l'on considère comme une faute. Or la faute et l'erreur peuvent toutes deux entraîner des dommages, même si l'une revêt une intentionnalité et l'autre pas. À un âge où l'intentionnalité consciente ne peut pas exister, en raison de la construction insuffisante des réseaux synaptiques, il est peu cohérent d'accuser un enfant de faute.

Quelques notions de neurosciences

L'imagerie par résonance magnétique (IRM) a aujourd'hui démontré à quel point le cerveau d'un enfant et celui d'un adolescent sont encore très immatures. De même que le corps a encore besoin de grandir, de même qu'il n'a pas atteint la force qu'il aura à l'âge adulte, le cerveau ne peut pas être capable de toutes les performances dont il pourra peut-être faire preuve plus tard vers 25 ans. Quand on sait que la dernière zone du cerveau à pouvoir être connectée, donc opérationnelle, est celle du traitement des émotions, on peut comprendre que l'enfant ou l'adolescent soit plus sensible, plus réactif, plus éruptif qu'un adulte. Ses tristesses sont plus profondes, ses joies plus exubérantes, ses peurs plus affolantes, ses colères plus intenses. Et ce n'est pas de la mauvaise volonté, c'est juste de l'impossibilité.

Il ne gère pas ses émotions parce qu'il n'en a pas les moyens, mais l'adulte, lui, devrait être équipé du dispositif le lui permettant (ce qui n'est d'ailleurs pas toujours le cas si ses émotions ont été malmenées alors qu'il était encore immature).

Adolescent, il a encore des repères flous et les expériences qu'il a vécues imprègnent ses manières d'agir et de penser. Même s'il commet des actes inappropriés, ou répréhensibles, il n'est pas encore en mesure de tout évaluer et d'en comprendre la malfaisance et le danger, pour les autres ou pour lui-même. D'ailleurs, la Justice, implicitement consciente de cela, réserve un traitement différent aux mineurs[5].

Alors, une faute, c'est quoi au juste ? Que nous disent les dictionnaires ?

- « Le fait de manquer à ce qu'on doit. Manquement à la règle morale, mauvaise action. Synonymes : crime, délit, forfait, inconduite, infraction, méfait. » (Le Petit Robert)
- « Manquement à la règle morale, à une prescription religieuse. » (Larousse)

Les deux définitions font allusion à une règle morale, et c'est là que réside le nœud du problème. Quelle est la règle morale que l'on reproche au jeune d'enfreindre ? La connaît-il ? A-t-il pu en comprendre le sens ? Pourquoi est-elle reconnue ici comme règle

5 On peut regretter le manque de moyens éducatifs mis en place pour rééduquer de jeunes délinquants, mais on n'a encore jamais condamné un mineur à une peine incompressible.

morale alors que chez le copain, elle ne l'est pas forcément ? Lui a-t-on asséné des règles morales comme une évidence ou a-t-on pris le temps de lui en faire découvrir l'intérêt ? À quelle règle morale les éducateurs de l'enfant se réfèrent-ils ? N'y a-t-il qu'une seule vérité en matière de morale ?

Si on considère que l'enfant commet une faute morale, c'est qu'on présuppose qu'il n'est pas « pur ». Serait-il donc un être à corriger ? À redresser ? Faudrait-il le modifier, le rectifier, pour le rendre apte à la vie ? Aurait-il des vices de forme ? Naîtrait-il capricieux, voire méchant ? Je ne peux m'empêcher de me référer à des hypothèses improbables.

- L'enfant serait-il porteur, dès la naissance, du péché originel ? Dans un très intéressant ouvrage récent, *De l'enfant protégé à l'enfant corrigé*[6], Olivier Maurel explique comment cette notion a peut-être participé à l'idée qu'un enfant qui naît aurait en lui, dans sa nature d'être humain, un péché et comment, dans ces conditions, il paraît normal d'avoir à lui faire expier sa faute. Ce même auteur affirme dans un ouvrage précédent « Oui, la nature humaine est bonne » et explique « Comment la maltraitance éducative ordinaire la pervertit depuis des millénaires[7] ».

- Serait-il coupable, dès la naissance, d'être un petit pervers polymorphe[8] ? Certains théoriciens psychanalytiques ont construit une idée selon laquelle l'enfant est porteur d'une tare qu'il s'agit de frustrer pour qu'il ne devienne pas un tyran. On l'affuble alors du titre de pervers… Ce n'est pas rien !

---

6 *Op. cit.* voir note p. 15.

7 *Oui, la nature humaine est bonne ! Comment la maltraitance éducative ordinaire la pervertit depuis des millénaires*, Olivier Maurel, Robert Laffont, 2009.

8 Jacques Van Rillaer, professeur émérite de psychologie à l'université de Louvain-La-Neuve, dans un article fort intéressant explique comment on a transformé, en France, la pensée de Freud par rapport à ce prétendu « petit pervers polymorphe » et comment cela a servi d'alibi à de bien tristes personnages, pour perpétrer par exemple des actes pédophiles.

- Et si, plutôt, l'inconscient collectif imprégné de morale judéo-chrétienne mal comprise et de théories psychanalytiques hasardeuses avait influencé les traditions d'éducation depuis bien trop longtemps ?

- Et si, profitant du fait que l'enfant n'est pas de taille à se défendre, on lui avait fait porter tout et n'importe quoi ? On a pu alléguer qu'il était porteur de faute, de péché mais on a aussi pu lui infliger des traitements vraiment cruels et absurdes. Par exemple en Chine, quand la politique de l'enfant unique obligatoire était en vigueur, les deuxièmes nés n'avaient pas droit à une identité officielle. Ils sont devenus les « enfants fantômes », voués à l'inexistence dans tous les domaines publics. Au Maroc, les enfants nés hors mariage ont longtemps subi le même sort. Pour eux donc, pas d'école, pas d'hôpitaux, pas de papiers. On a puni tous ces enfants du simple fait d'être nés...

- Et si, tout simplement, l'enfant était un petit être démuni et ne demandant que d'aimer et d'être aimé ? Ne demandant que de la tendresse, de la solidité, de la protection et des explications pour être en mesure de bien s'adapter au monde ?

- Et s'il suffisait d'un regard différent sur l'enfant pour apporter plus d'harmonie dans la société future ?

- Et si on reconsidérait la morale comme une exigence personnelle, car « la morale commence là où aucune punition n'est possible, là où aucune répression n'est efficace, là où aucune condamnation, en tout cas extérieure, n'est efficace. Elle commence là où nous sommes libres : elle est cette liberté même quand elle se juge et se commande », selon le philosophe André Comte-Sponville.

Punition ou sanction ? Affinons ces deux notions.

La punition est une souffrance qu'on inflige, une souffrance physique ou une souffrance morale. Aujourd'hui en France, les violences physiques sur les enfants sont interdites, mais les violences morales ne sont pas encore suffisamment explicitées et clarifiées : cela laisse bien trop de place à l'interprétation et au fait de relativiser, de minimiser la chose. On sait à quel point tout être humain a besoin de relation, a besoin d'être reconnu, accueilli. Un être humain n'existe pas seul. Un enfant ne peut pas survivre au manque de relation. Tout sentiment de rejet, d'abandon, de désamour le plonge (comme il nous plonge, d'ailleurs) dans un grand désarroi et ce sentiment est ressenti par lui de manière très intense.[9]

Un jeune humain mis au coin ou isolé, « puni dans sa chambre » (forme d'exclusion moderne et familiale de la mise au coin), se sent éloigné. Sans pouvoir vraiment l'analyser, il ressent qu'il dérange, donc qu'il est incorrect. Parfois, pour tenter de se conformer à l'image de l'enfant idéal qu'on attend qu'il soit, il peut lui arriver d'aller tout seul se mettre au coin dès que Papa ou Maman manifestent un mécontentement. Pourtant, dans sa détresse, il aurait alors besoin d'être rassuré. Lorsque, plus tard, il rencontrera des difficultés, pourra-t-il faire appel à eux ? Pourra-t-il demander des conseils ? Ou en est-il réduit à s'endurcir, avec toutes les néfastes conséquences que cela peut entraîner ?

L'ado que l'on prive de son téléphone portable se sent incompris, donc en manque de communication… et il n'y peut rien, sauf se soumettre et penser qu'il n'est pas conforme à ce qu'on attend de lui ou se révolter et mépriser la personne qui lui a infligé une punition et, bien entendu, essayer de la transgresser

9 C'est pour cela que des adultes malveillants peuvent obtenir d'eux un pseudo consentement à des actes ignobles.

de toutes les manières possibles (et son imagination est très très fertile !).

Dans le langage courant, on parle d'infliger une punition, alors qu'il s'agirait plutôt idéalement d'appliquer une sanction. La première chercherait à faire mal, à faire souffrir. Le terme « infliger » est clair. La seconde serait plus du registre de la réparation. Elle peut d'ailleurs être positive. Une note (bonne ou mauvaise) sanctionne la qualité d'un travail. Elle peut ainsi objectivement donner une indication sur le niveau atteint par rapport au niveau attendu. Au contraire, la punition (par exemple une heure de colle) veut gêner le contrevenant. Jeremy Bentham pense que « toute punition revêt de la méchanceté ; toute punition participe du mal ». Si l'intention du parent qui punit n'est pas d'être méchant mais d'éduquer, le jeune soumis à une punition, pourtant, ressentira probablement de l'injustice, de la méchanceté, de l'impuissance, de l'humiliation et éprouvera de la colère, du mépris ou, au contraire, de la honte. S'il y a sanction-réparation, si elle est juste et signifie clairement qu'on cherche à le faire grandir de ses erreurs, il le prendra comme un signe d'intérêt et n'en sera pas meurtri. Comme on le verra en fin d'ouvrage, un enfant ne peut pas être tenu pour responsable. Donc la sanction doit uniquement se limiter à la réparation des dommages causés et pas à l'application d'un barème de privation par exemple. La sanction-réparation peut juste enseigner qu'on doit assumer les conséquences de ses actes, réparer les dommages commis, mais pas souffrir d'en avoir commis. Par exemple, on peut lui apprendre à faire plus attention à un objet pour ne pas le casser, on peut lui demander de gagner de l'argent pour rembourser un objet qu'il aurait dérobé. Dans ce cas, il n'y a pas d'humiliation, de moralisation, de scandale, mais l'intégration de ce qui permet de vivre ensemble en paix. Ce sera l'occasion de parler de notions de bien et de mal, de permis et d'interdit, d'en faire découvrir le sens et l'intérêt, alors que la punition n'aurait apporté que la peur de se faire prendre !

Il est intéressant de remarquer que la Justice a choisi comme symbole la balance et le glaive. La balance, pour évaluer, le glaive pour trancher (des têtes ?).

La frustration, inhérente à la condition humaine ?

La frustration peut donner lieu à deux interprétations éducatives opposées, aussi erronées l'une que l'autre :

Il FAUT frustrer un enfant, afin de lui permettre de vivre en société ou, au contraire, Il NE FAUT PAS frustrer un enfant, sous peine de saccager ses émotions et sa confiance en lui.

Aucune de ces postures n'est juste.

La vie apporte des frustrations, nombreuses… Par exemple, la première qu'ils auront à subir, c'est celle qui leur sera imposée par le fait que nous sommes humains… Nous sommes humains, et nous avons des limites que nous devons respecter pour nous-mêmes, ce qui entraînera des frustrations pour nos enfants lorsque nous ne pouvons pas répondre immédiatement à leurs appels. (Attention, je ne dis pas du tout qu'il faut laisser pleurer l'enfant volontairement alors que nous pourrions faire autrement. Encore moins l'enfermer dans sa chambre pour lui apprendre la vie et le laisser pleurer !) Il s'agit donc d'accompagner nos enfants pour qu'ils puissent traverser et dépasser la souffrance de la frustration. Ainsi, ils s'habitueront et pourront acquérir un comportement socialement acceptable.

Au contraire, si nous nous sacrifions pour éviter absolument toute frustration à nos enfants, ils seront, certes, épanouis (dans un premier temps), mais nous serons tellement épuisés que nous craquerons un jour et que, là, ils n'y comprendront rien et seront tout à fait démunis. Ceci dit, il ne s'agit pas de se servir de cet alibi pour frustrer volontairement un enfant. Cela le laissera tout aussi démuni car il ne pourrait pas comprendre, surtout venant de la part d'une personne qu'il aime entièrement, sans nuance. Les enfants élevés de cette manière ne seront pas non plus adaptés à la vie en société car ils deviendront méfiants, voire agressifs à leur tour.

Donald Winnicott a développé le thème du parent « suffisamment bon ». Il ne faudrait pas devenir un parent excessivement bon car on attend de tout sacrifice d'être dédommagé en retour. Il ne faudrait pas non plus vouloir frustrer intentionnellement un enfant, juste pour le frustrer. L'une et l'autre posture sont dangereuses pour le bon équilibre futur de l'adulte en devenir. Nous détaillerons au dernier chapitre comment on pourrait s'y prendre, en communication sans violence.

La question des limites

Bien entendu, l'enfant a besoin de limites, faute de quoi, il serait perdu dans le vaste monde… faute de quoi, il n'apprendrait pas, par expérience, que tout ne lui sera pas toujours permis et qu'il aura à en porter les conséquences, dans sa vie. Ce que je propose d'examiner ici, ce n'est pas la nécessité des règles, c'est seulement la pertinence de la punition. J'en profiterai aussi pour proposer une réflexion sur la manière de construire ces règles et ces limites et de les faire respecter.

Aujourd'hui, il arrive que des voix critiquent la parentalité positive en caricaturant l'attitude de parents qui seraient complètement permissifs, se sentant coupables s'ils ne sont pas en mesure d'apporter tout de suite à leur enfant le réconfort émotionnel dont il a besoin, quel que soit son comportement, par exemple s'il se roule par terre dans un supermarché. Ici, tout est mélangé. On n'est pas permissif quand on est compréhensif. On n'a pas à avoir honte de consoler son enfant quand il est en détresse émotionnelle. Et ce n'est pas un sentiment de culpabilité qui anime ces parents... C'est de la tendresse, du bon sens et de l'humanité. D'après ces voix qui remettent la parentalité positive en cause, on serait donc, cette fois, coupable si on rassure son petit humain ? Peut-être, au contraire, fait-on simplement preuve de plus d'humanité, comme cela se passe tout naturellement dans les tribus loin de la « civilisation »... et loin des supermarchés ! Bien sûr, cette situation est désagréable pour tout le monde et il sera bien préférable d'éviter d'en arriver là. En comprenant le fonctionnement de l'enfant et en trouvant l'attitude juste, il sera possible d'anticiper et d'éviter ce genre de situation.

Bien sûr, les émotions du parent sont mises à mal lorsque l'enfant ou l'ado est en crise, hurle, se débat. Bien sûr, il arrivera qu'on s'énerve aussi, qu'on hausse le ton, qu'on punisse même et cela ne constituera pas une faute éducative : ce sera un accident, une éruption. C'est dommage bien sûr, mais je ne suis pas de ceux qui porteraient un jugement sur un moment d'exaspération, cela peut arriver à tout le monde, comme il peut arriver à l'enfant de vivre une émotion dont il ne sait pas quoi faire et qui le submerge. Et, dans ce cas, on pourra expliquer à son enfant ce qui s'est passé pour nous. Ce qui serait une faute éducative, ce serait de prôner que c'est une bonne manière de faire, que c'est la solution, qu'il suffit de revenir aux bonnes vieilles méthodes d'autorité, de punition, de chantage volontaire : « Si tu n'obéis pas, tu seras puni ! » De même, il se peut qu'un jour on ne soit pas immédiatement disponible pour répondre au besoin de l'enfant : par exemple, on sait bien que la faim est terriblement difficile à vivre pour un nourrisson mais il peut arriver accidentellement que l'on ne puisse pas le nourrir tout de suite. On n'en culpabilisera pas ! On ne pouvait pas ! Mais cela prend une autre mesure si on a volontairement laissé l'enfant pleurer dans sa chambre tout seul pour qu'il finisse par se calmer (sous-entendu pour le punir de nous casser les oreilles avec ses cris de détresse que l'on prend pour une exigence).

La punition peut-elle être non violente ? Non, elle est violente mais, si elle arrive exceptionnellement, et qu'elle n'est pas disproportionnée, bien qu'elle ne fasse pas du bien, elle peut avoir un effet immédiat et il est indispensable qu'elle donne lieu à une discussion, à une réflexion, à une analyse sur ce qui a provoqué cette situation exceptionnelle. C'est le système qui est assurément violent s'il promeut la punition pour régler les difficultés et obtenir de l'enfant qu'il obéisse sans problème, s'il met tout en œuvre pour que l'enfant soit, en quelque sorte, bien dressé. (Sage et dressage, ça rime…)

C'est tout l'art subtil d'être parent, à la fois bienveillant et solide, que cet ouvrage entend aborder.

2
Pourquoi punit-on ?

Exercer du pouvoir ou faire autorité ?

Il faut tout d'abord bien remarquer que l'adulte qui punit le fait le plus souvent en pensant bien faire. Au nom de sa connaissance des enjeux sociaux, au nom de la peur qu'il a de voir le jeune rater sa vie, il essaye de lui éviter des futures déconvenues. Il souhaite que son enfant réussisse à l'école et apprenne les fondamentaux qui lui permettront de vivre en société. Bien entendu, c'est son rôle de le faire... C'est juste la méthode qui est inadéquate. Je n'ai aucun doute, aucun présupposé sur la bonne volonté des parents et des enseignants. Mais l'enfer est pavé de bonnes intentions... et on risque fort de provoquer exactement le contraire de ce qu'on s'épuise à essayer d'obtenir.

L'idée même de punir suppose un rapport de force. En effet, celui qui punit impose la loi ou sa loi. Et toute la nuance est là... LA loi ? Ou SA loi ?

Nous réfléchirons au chapitre suivant à cet aspect des choses, mais intéressons-nous déjà aux notions de pouvoir et d'autorité. Le pouvoir est un moyen, une transaction, il obtient parce qu'il y a un rapport de force. Avec une belle formule comme « Nul n'est censé ignorer la loi », la maréchaussée distribue des amendes ou inflige des peines de prison, par exemple. Et il est impossible d'y échapper. Les forces de l'ordre ont pouvoir (et mission) de faire respecter la loi. Même si c'est infiniment difficile à réaliser, la Justice ne devrait jamais dépendre d'une interprétation individuelle, d'une humeur personnelle, d'une préférence affective. J'imagine que c'est cette réflexion qui a poussé un certain Napoléon à édicter son code.

L'autorité se situe dans la relation. Une personne peut avoir « une autorité naturelle », « faire autorité », sans que cela pose de problème car on sent bien que cette personne est juste, respectueuse, qu'elle n'est pas personnellement intéressée par les rapports de domination et ne cherche pas à renforcer son prestige ou son ego. En fin de compte, la punition qui veut faire mal, qui veut faire plier, n'est-elle pas un signe de faiblesse ? Un aveu d'impuissance morale ?

Le problème devient critique lorsque le pouvoir est exercé pour le bon plaisir de celui qui le détient, à son avantage. C'est le fait du Prince, c'est l'abus de pouvoir, et c'est insupportable car nous nous sentons alors soumis non pas à un règlement supposé juste, en tout cas applicable à tous, mais visés par quelqu'un qui profite de sa situation de supériorité pour vouloir nous imposer sa propre volonté, parfois en croyant bien faire, parfois au contraire avec un malin plaisir pervers, parfois en faisant comme si c'était une plaisanterie.

Se pose enfin la question de la légalité et de la légitimité. Faut-il, en écoutant le philosophe Emmanuel Kant, faire de l'observance de la loi un impératif absolu ? Ou bien doit-on plutôt tenir compte des circonstances atténuantes ? De la légitime défense ? Ou de la non-intentionnalité ? Vladimir Jankélévitch, un autre philosophe, par exemple, propose de « se comporter à l'égard de la vie et de l'univers comme si rien n'allait de soi ».

Pourquoi le parent punit ?

Le plus souvent, le parent punit au nom de la représentation qu'il se fait de ce qui serait correct, ou bénéfique, ou non dangereux. Il se peut aussi qu'il punisse par exaspération, fatigue, épuisement… Il n'a plus les mots et la patience, alors ce mode opératoire est rapide, exécutoire. Voyons la pertinence (ou l'impertinence !) de l'un ou l'autre de ces deux cas de figure qui correspondent à deux approches opposées, l'une signifiant : « c'est pour ton bien[10] », l'autre signifiant : « c'est pour mon bien ».

1- Le syndrome du parent parfait

Même si l'intention de départ pouvait être positive, la méthode peut aboutir à une grande violence car, justifiée par un absolu de bonne éducation, elle peut engendrer des excès. Le paradoxe actuel réside dans le fait que bien des jeunes parents ont entendu parler de l'éducation positive, de l'éducation bienveillante, ils ne doutent pas de ses bienfaits mais ils se mettent eux-mêmes sous tension, sous injonction et cela crée une ambiance difficile. C'est comme si toute manifestation inattendue de la part de leur enfant indiquait l'échec de leur entreprise… ou l'incapacité de leur rejeton à profiter de leur justesse.

Si nous rêvions de réussir une éducation parfaite, si nous avions l'ambition de faire de cet enfant le fruit de notre imagination, il est urgent de nous demander quelles valeurs nous soutenons. Quel but nous poursuivons ? Par rapport à ce que nous avons vécu dans notre enfance, quelle représentation nous sommes-nous faite de notre rôle ? Quel est notre désir vis-à-vis de notre enfant ? Qu'cst-cc qui est essentiel ?

Bien entendu, nous avons un projet lorsqu'un enfant arrive dans notre foyer et il est important d'en avoir un, sous peine que l'enfant ne se sente pas guidé ni accompagné, qu'il se sente délaissé, livré à lui-même, inintéressant.

---

10 Je fais ici allusion au célèbre livre d'Alice Miller : *C'est pour ton bien* (Flammarion, 2015) dans lequel elle développe magistralement les pédagogies noires.

- Dans la version soft, ça peut donner une non-écoute de l'adolescent, de ses idées, de ses rêves et un essai pour le persuader que l'adulte a raison et que lui ne peut que se tromper.
- **Les mots qui accompagnent la punition :** « Mais, mon chéri, tu n'y penses pas, voyons... »
- Dans la version hard, ça peut aller jusqu'à la violence verbale et même physique.
- **Les mots qui accompagnent la punition :** « Il faut, de gré ou de force, que tu le veuilles ou pas, que ça te rentre dans le crâne ! »

2- Le syndrome du parent épuisé

Dans ce cas, on ne prend pas soi-même soin de soi et on attend que notre enfant le fasse, sinon il en paiera le prix. Il se peut alors que l'on se vive comme faisant tous les sacrifices possibles pour notre enfant. On se dévoue, on répond présent à toutes les sollicitations, on croit qu'on est indispensable pour tout... On s'occupe de tout, alors qu'il pourrait bien se débrouiller tout seul dans bien des cas (mais, bien sûr, il est ravi qu'on lui facilite la vie en lui évitant de prendre un bus pour aller au collège, par exemple). Forcément, il y a un moment où on craque, on fait des reproches, on en veut à celui qui fait preuve de tant d'ingratitude...

Les mots qui accompagnent la punition : « Tu ne vois pas que je n'en peux plus ? »

3- Le syndrome du parent trop occupé

C'est souvent un parent dont le métier est très prenant et remplit sa vie. Qu'il soit militant (chirurgien, professeur, par exemple) ou carriériste (chef d'entreprise, responsable surdiplômé dans une grande entreprise...), il se passionne pour sa vie professionnelle mais n'a plus de disponibilité pour son ado. Quand il (ou elle bien sûr) rentre à la maison, il a besoin de se détendre, d'écouter de la musique ou de lire ou de jouer... mais il ne veut pas avoir de soucis.

Les mots qui accompagnent la punition : « Tu vas arrêter de me casser les pieds ! »

Ce que ressent le parent qui punit

Intéressons-nous au vécu du parent qui punit, à son ressenti, à ses motivations.

La plupart du temps, le parent qui punit agit en toute bonne foi. Il est persuadé de rendre service à son enfant car il veut qu'il soit « bien élevé » ou alors il veut qu'il apprenne un comportement censé lui faciliter sa future vie d'adulte. Ce faisant, il ne se rend pas toujours compte qu'il obéit aux injonctions inconscientes de son cadre de références, de ses traditions, de ses normes. Et il ne les remet pas en question. Il ne connaît peut-être pas non plus d'autres manières de faire et il a peur pour son enfant. Il est emprisonné dans ses croyances et tout ce qui ne correspondrait pas à celles-ci devient insupportable, scandaleux, dangereux.

Pour se battre contre les influences et influenceurs de tout poil, pour rendre son enfant libre des injonctions, il lui en fait une absolument paradoxale : il veut devenir son seul et unique influenceur ! Il veut donc faire entrer son enfant dans le moule, sans se rendre compte qu'il risque de le braquer contre ce moule ou, au contraire, de le rendre docile à un vivre-ensemble conventionnel et peu confiant en lui, peu adapté aux prises de décisions qu'il aura à faire, peu adapté à un vivre-ensemble créatif et joyeux, peu adapté à l'ouverture d'esprit, à la curiosité, à la découverte, à l'altérité...

Quelles que soient les circonstances, il faudrait alors demeurer dans un entre-soi bien confortable en apparence mais on sait bien, après tout, que l'exclusion des différences est dangereuse car ce que l'on a jeté bien loin risque de revenir de plein fouet, comme un boomerang.

Les règles à la maison

On punit aussi parce que l'enfant (ou l'ado) a dérogé à une règle. Bien sûr, tout groupe humain a besoin de définir des règles pour pouvoir fonctionner ensemble. Une société, d'une manière ou d'une autre, définit un système. Même un groupe d'amis qui part en vacances s'organise spontanément pour répartir les courses, la cuisine la vaisselle... Et il vaut mieux le faire par anticipation au risque que cela se passe mal, chacun pensant implicitement, et trouvant évident, que les choses doivent se passer « comme ci et pas comme ça » ! Voyons ! Sauf que l'évidence de l'un peut ne pas correspondre du tout à l'évidence de l'autre. Et les vacances peuvent vite tourner au pugilat.

Alors, qu'en est-il des règles à la maison ?

Tout d'abord, il serait intéressant de faire comprendre à notre jeune humain la nécessité des règles, pas juste de les lui annoncer comme une évidence. Une petite réflexion philosophique serait sans doute aidante, avec quelques questions et discussions pour le faire réfléchir, par exemple :

- Comment se passerait la circulation s'il n'y avait pas de feux rouges ? Pourquoi on roule à droite en France, tous, et à gauche en Angleterre, tous ? Est-ce que chacun pourrait choisir ? D'où la nécessité d'un code de la route, qui garantit la sécurité.

- Que se passerait-il si chacun pouvait faire tout ce dont il a envie, par exemple en devenant invisible ? D'où la nécessité de lois pour protéger.
- Quand on joue ensemble (à un jeu de société par exemple), de quoi on a besoin pour jouer ? D'où la nécessité de règles du jeu pour passer un bon moment.

Le moment devient alors propice pour lui poser une nouvelle question :

- De quoi avons-nous besoin, nous les habitants de cette maison, pour pouvoir bien vivre ensemble ? Pour que tout le monde soit heureux et souriant ?

Je pense indispensable d'établir des règles en concertation avec l'enfant. Je dis bien « en concertation » et pas en négociation car l'adulte a plus d'expérience pour organiser une méthodologie. On pourrait par exemple :

- lister les points à décider ;
- annoncer qu'on va faire confiance à chacun pour être sincère et que nous savons bien que chacun a envie de vivre tranquille et de bonne humeur dans cette maison ;
- faire exprimer les besoins des uns et des autres, ce qui paraît indispensable à chacun afin que tous puissent l'entendre ;
- faire exprimer les préférences de chacun : ce qu'il ferait plus volontiers et ce qui lui serait vraiment très désagréable ;
- faire exprimer les points de vue des uns et des autres : ce qui paraît important mais non essentiel, ce qui est préférable mais peu important ;

- proposer une organisation qui tienne compte de tout cela et surtout, surtout, procéder par périodes de test. « On va essayer cette manière de fonctionner pendant (par exemple) une quinzaine de jours (ou plus ou moins...) et nous ferons ensemble un bilan. Qu'est-ce qui a bien fonctionné ? Que devons-nous modifier ? »

Exactement comme dans une entreprise, les problèmes surgissent lorsque la structure n'est pas claire ou lorsqu'il y a des sentiments d'injustice. Et si on se dit que cette méthode prend du temps, je vous invite à réfléchir au temps gagné par la suite et à la bonne humeur qui en résultera.

Lors de cette étape, il se peut que l'ado considère comme un besoin essentiel quelque chose de dangereux. Là, on fera bien la différence entre ce qui est dangereux objectivement et ce qui est considéré comme mauvais. La nuance est importante. On peut à ce moment lui donner des informations factuelles et scientifiques sur le fonctionnement de son cerveau et lui expliquer, encore une fois sans moralisation, que nous comprenons bien son envie mais que nous avons des éléments qui nous obligent à ne pas le laisser se mettre en danger[11].

Quoi qu'il en soit, une règle comprise et élaborée ensemble appellera moins de transgressions qu'une règle imposée.

La confiance, élément clé et indispensable

Je reviens sur la confiance et l'*a priori* de sincérité. C'est essentiel, indispensable ! Pour un ado (comme pour nous, d'ailleurs...), transgresser une règle estimée injuste, c'est un plaisir,

---

11 On peut mettre à sa disposition un ouvrage qui présente scientifiquement mais de façon très claire pourquoi son cerveau est encore immature, comme son corps, par exemple *Le Cerveau de votre ado* de Daniel Siegel, Les Arènes, 2018.

un challenge. Et l'ado aime relever les défis, on sait bien ce que ça peut donner dans la cour de récréation comme jeux stupides et dangereux ! Trahir la confiance, c'est bien plus délicat (une vraie confiance, pas une confiance annoncée mais qui ne serait qu'une manipulation pour obtenir...).

L'autorité (pour nous-mêmes comme pour eux) n'est acceptée que si elle est portée par quelqu'un de fiable, de sincère, de juste, de solide. La confiance ne s'exige pas... elle se mérite ! Et si nous souhaitons, à juste titre, que notre jeune humain nous fasse confiance, ne mettons pas en place des dispositifs qui le rendraient méfiant vis-à-vis de nous.

Chacun d'entre nous peut s'interroger sur ce qui nous amène à accorder notre confiance à quelqu'un ou, au contraire, à nous méfier. Est-ce que nous accordons notre confiance parce qu'on nous dit que c'est comme ça, qu'il faut faire confiance ou bien, au contraire, parce que nous ressentons la solidité et la sincérité ? Ce ressenti intime, lorsque nous prenons le temps de le questionner, ne trompe pas et, pour éviter bien des déconvenues à l'adulte qu'il deviendra, je propose d'habituer très tôt notre jeune à consulter son ressenti.

Un exemple

Emma a 4 ans et la tante Aglaé ou l'oncle Gaston qu'elle n'a jamais vu arrive et lui offre un cadeau. Emma peut être tentée par le cadeau mais ressentir une répulsion vis-à-vis de leur vieillesse ? De leur odeur ? De leurs rides ? Pourtant, on incite Emma à aller faire un bisou. On peut même la menacer de ne pas avoir le cadeau si elle ne le fait pas. Réfléchissons aux conséquences possibles, plus tard, quand elle sera une jeune fille et qu'elle acceptera peut-être un contact physique qui ne lui convient pas...

Et il vaut sans doute mieux recevoir un regard heureux qu'un bisou contraint…

Autorité et exigence

Une saine autorité est exigeante ! Cette autorité ne renonce pas, elle va chercher l'enfant ou l'ado, et le pousse au-delà de ce qu'il ferait en suivant ses simples élans naturels. Cette exigence lui signifie qu'on croit en lui, qu'on ne l'abandonne pas à ses doutes, ses peurs ou son renoncement. Cette exigence l'encourage et l'emmène plus loin, plus haut, avec solidité mais sans dureté, avec constance mais sans acharnement. Cette exigence respecte profondément l'enfant.

Tout dépend de la raison profonde pour laquelle on exige de l'enfant. Est-ce pour se faire plaisir ? Pour être fier ? Pour soi-même en tant que parent ? Ou bien cette exigence est-elle au service de l'enfant ?

Les mêmes mots peuvent être odieux, blessants ou intenses, motivants… Et cela dépend de la posture éducative de l'adulte.

Réflexion à propos de l'obéissance

D'autre part, pourquoi veut-on que l'enfant obéisse ? Pourquoi le menace-t-on de punition en cas de désobéissance ?

- Est-ce pour le protéger ? Ce qui serait la seule éventuelle justification possible… mais le sait-il ? le comprend-il ? Peut-il le comprendre seul si on ne le lui a pas fait découvrir ? Peut-il obéir s'il ne fait pas confiance ? Peut-il faire confiance si on veut le contraindre ? Peut-il faire confiance sous menace de punition ?

- Est-ce pour le « dresser » aux bonnes manières ? Voit-on dans ce cas les conséquences possibles ? Docilité sur le moment mais aussi chez le futur adulte, peu d'esprit d'initiative, manque de réflexion et de compréhension. J'ai déjà développé dans un autre ouvrage pourquoi et comment apprendre les mots de politesse à un enfant. Par exemple, au lieu de lui dire : « Si tu ne dis pas merci, tu es vilain, tu es puni, etc. », ne vaudrait-il pas mieux lui dire : « Tu sais, dire merci, c'est une convention sociale, ça te facilitera la vie parce que c'est une tradition et ça fait plaisir à la personne qui le reçoit. Comme toi, ça te fait plaisir quand je te dis merci de m'avoir rendu service, par exemple. » Dans ce cas, on apprend à l'enfant un code en lui fournissant un outil utile pour lui et cela exclut toute idée de punition. On glisse aussi la notion de gratitude, ce qui donne du sens à ce code social.

- Est-ce par rapport au regard des autres ? Mais alors, qu'est-ce qui est essentiel ? Le nivellement par la base de la bien-pensance traditionnelle ou l'éveil de la personnalité, de la curiosité, de la différence, de votre enfant ? L'individu bien dans sa peau qu'il deviendra donnera le meilleur de lui-même dans une communauté sociale. Loin d'être égoïste et solitaire, il sera à l'aise pour apporter ses propres idées au groupe, il saura écouter celles des autres, sans esprit de domination puisqu'il aura expérimenté, dès l'enfance, que le système soumission/domination/menace n'est pas valide.

- Différence entre obéissance et respect : on peut trouver une règle stupide et la respecter parce qu'on ne peut pas discuter avec une règle, par exemple, on ne peut pas discuter d'une limitation de vitesse sur une route qu'on trouve dégagée et déserte mais où on sait bien qu'il y a un radar. Mais peut-on respecter une personne qui nous impose une règle stupide ?

> On peut obéir, certes, par peur d'être puni, mais on peut simultanément mépriser cette règle imposée… et mépriser la personne qui veut nous l'imposer.

La très belle notion de respect est trop souvent dévoyée au profit de l'obéissance. On a trop mélangé les deux concepts et c'est bien dommage. Le respect est souvent présenté à l'enfant comme un devoir, une obligation, alors que le respect s'éprouve avant tout. Il y a des personnes que nous avons envie de respecter, tout naturellement, elles inspirent le respect. Pourquoi ? Ce sont des personnes dont on sent bien qu'elles sont justes, calmes, altruistes, ouvertes. On peut être obligé d'obéir à un imbécile qui a le pouvoir de nous châtier. On suit avec confiance, admiration, respect, quelqu'un de suffisamment intelligent pour ne pas avoir besoin d'un rapport de force. Bien sûr aussi, on abordera la notion de respect avec notre jeune humain, le respect au sens très large, c'est-à-dire ne pas abîmer, ce qui est différent d'obéir !

Amour et tendresse

Bien entendu, nous aimons nos enfants ! Sauf « exception exceptionnelle », nous aimons nos enfants. Mais au juste, c'est quoi l'amour ? C'est quoi aimer un enfant ? Il peut y avoir des erreurs dans la manière de le manifester. Couvrir un enfant de cadeaux, lui offrir le sweat-shirt ou les chaussures dont il rêve, est-ce l'aimer ? Le surveiller, avoir peur pour lui, est-ce l'aimer ?

De même que nous sentons bien, dans une relation amoureuse, si on nous accepte tel que nous sommes ou si on veut, au nom de l'amour qu'on nous déclare, nous faire changer ou nous faire exécuter ce qui n'est pas notre volonté. De même, il peut y avoir des exigences terriblement lourdes au nom de l'amour pour un enfant si on veut faire entrer cet individu avec toutes ses merveilles et ses imperfections dans la case que nous lui avions réservée pour qu'il soit l'enfant de nos rêves.

Les mots d'amour ne sont rien, pourtant, ils endorment bien ceux qui les reçoivent. Que ne ferait-on pas, comme dit la chanson, « pour l'or d'un mot d'amour » ? Mais cet amour-là est chantage. Cet amour-là peut être violent, tranchant comme un diamant. Je ne crois pas que l'enfant a besoin de cela. Au contraire, il a besoin (quel que soit son âge) de tendresse. Et cette tendresse se manifestera par le soin qu'on prend de lui, par la considération, par la bienveillance, par la confiance, par la douceur tout le temps présentes, dans toutes nos actions éducatives car, oui, on peut être tendre et intense, tendre et exigeant, tendre et en colère. Demandez à une femme battue la différence entre l'amour et la tendresse, elle vous expliquera à quoi l'amour possession peut aboutir.

3
Qui est puni et pourquoi ?

Il nous faut ici faire un point sur l'évolution des capacités cognitives, émotionnelles, sociales et intellectuelles du cerveau selon l'âge et son point de maturation. Les explications ci-dessous sont très schématiques et, si ce n'est déjà fait, il faut absolument lire le livre de Catherine Gueguen, *Pour une enfance heureuse*[12], qui a fait connaître en France cette notion d'immaturité du cerveau, grâce aux découvertes des neurosciences.

Un enfant, lorsqu'il naît, est tout simplement et naturellement adapté au contexte. Si tout va bien, il manifeste sa joie par des risettes et des gazouillis ; s'il est contrarié, il pleure ; s'il a peur, il se recroqueville ; s'il est triste, il crie son désespoir. En ce sens, c'est « une machine à bonheur », car il est sans filtre dans la manifestation de ce qu'il ressent. Il s'émerveille de tout, il ose tout, il ne voit pas le mal, il oublie rapidement et n'est pas rancunier, il veut aider et participer à tout.

Le grain de sable dans la machine à bonheur apparaît si surviennent les reproches, les gronderies, les chantages, les contraintes (venant de sa figure d'attachement) : il n'en comprend pas le sens mais il ressent qu'un danger le menace. Il apprend non pas à réfléchir en confiance et en conscience en utilisant ses forces et ses ressources, en se respectant et en respectant vraiment les autres. Il apprend la crainte, l'adaptation, il apprend l'amour à condition. Il apprend à faire ce qu'on attend de lui. Il apprend qu'il est périlleux de donner son opinion ou

---

12 *Pour une enfance heureuse*, Catherine Gueguen, Pocket, 2015.

de se comporter d'une manière jugée inappropriée, mais il n'apprend pas pourquoi cette manière serait inappropriée… Il perd le bon sens et la connexion avec son intuition et ses émotions. Comme un petit chien, il peut faire le beau pour obtenir le « susucre », mais il devient, et pour longtemps, dépendant du regard des autres[13]. L'adolescent, puis l'adulte, restera marqué par ces toutes premières expériences jusqu'à ce qu'il puisse vraiment comprendre dans quelles mailles de filet il s'est retrouvé… et qu'il s'autorise à s'en délivrer. Bien entendu, l'adulte qu'il deviendra devra apprendre à fonctionner en tenant compte des autres, en les respectant, mais pas en dépendance aux autres au risque d'en oublier le respect de lui-même.

Un enfant bien dressé, comme un petit mammifère, deviendra probablement un adulte peu confiant en lui et incapable de liberté de pensée. Ou alors, il se peut qu'il devienne systématiquement révolté ou opposant.

Un enfant bien élevé, comme un petit humain, bien accompagné, développera la confiance en lui et sera capable de souplesse et d'équilibre dans ses relations.

L'évolution de l'enfant selon les âges

Rappelons donc rapidement quelques notions sur l'évolution de l'enfant et ses capacités selon les âges.

À hauteur d'un enfant de 3 ans environ

Jusque vers 3 ans, les connexions synaptiques ont tout juste permis au bébé, puis au tout-petit, d'acquérir les premières fonctions, celles de la survie principalement. À 3 ans, il a aussi acquis la

13 J'ai déjà développé tout cela dans mes ouvrages précédents.

possibilité de mémoriser, et le territoire dans lequel les émotions sont perçues est bien relié. Il peut donc retenir automatiquement certaines choses mais il ne peut absolument pas raisonner ni comprendre le pourquoi de ces choses. Donc, même s'il est capable de tenir de grands discours, il est tout à fait incapable de s'exprimer et de s'expliquer sur ses émotions. Quand il était bébé, on pouvait lire sur son visage l'expression des émotions qui le traversaient. Maintenant, son corps ayant acquis de l'autonomie, c'est ce corps qui met ses émotions en mouvement et en expression. S'il est triste, il se replie sur lui-même ; s'il est joyeux, il est exubérant ; s'il est en colère, il se roule par terre, il tape des pieds, il crie, il frappe.

Le caprice n'existe pas ! Le caprice ne PEUT pas exister ! Un enfant qui hurle, se roule par terre, trépigne, manifeste comme il peut une souffrance. Sa souffrance est telle qu'elle se transforme en colère. Le phénomène est identique à ce que nous ressentons quand nous sommes dans une tristesse immense ou dans une souffrance profonde et que nous avons l'impression que quelqu'un pourrait quelque chose pour nous mais ne le fait pas. Chez un jeune enfant, encore tellement immature, il n'y a aucune possibilité de raisonnement, aucune possibilité de régulation. Ce que les adultes depuis longtemps appellent « caprice » ne peut pas être volontaire. C'est une manifestation spontanée. Bien entendu, si on répond aux cris par la fourniture de l'objet demandé, l'enfant apprend la méthodologie pour avoir ce dont il a envie. Au contraire, si on comprend sa détresse et qu'on le rassure sur la confiance et l'amour qu'on lui porte, il pourra se calmer et oubliera bien vite l'objet convoité.

Les adultes ne se rendent pas toujours compte des dangers dans lesquels ils s'engouffrent et entraînent leur enfant, soit en fournissant l'objet réclamé, soit en négligeant d'accueillir la frustration et de l'apaiser par un calme solide non dénué de tendresse.

Isabelle Filliozat, a été une pionnière pour décrire le ressenti des enfants. Dans son ouvrage, *Au cœur des émotions de l'enfant*, elle décode ce qui se passe pour eux et a permis à bien des parents bienveillants d'adopter une attitude juste.

Quand les émotions nous submergent

Être hors de soi.

Sortir de ses gonds.

Péter un câble.

C'est plus fort que soi !

Et tout ça, c'est parce que : « J'en ai marre ! Tu m'exaspères, tu m'énerves, tu me pousses à bout ! »

Qui n'a pas vécu, par moments, un tel ressenti ?

Qui ne s'est pas un jour senti débordé par un flot d'émotions qui submergent tout sur son passage et arrive à transformer les plus raisonnables en personnages incohérents ? Sous l'emprise de cet état (heureusement passager la plupart du temps), personne ne peut se contrôler vraiment. Il peut alors nous arriver de dire des mots que nous ne pensons pas, d'agir de manière insensée. Nos pensées sont aussi embrouillées que nos émotions. Dans l'instant, nous n'avons plus accès à nos facultés habituelles. Ça génère comme un court-circuit dans les neurones !

Un enfant, dont le cerveau est encore immature, a moins de possibilités qu'un adulte et ses émotions déborderont plus vite, plus fort, plus brusquement, parfois plus brutalement… Et il n'y peut rien ! Il aurait alors besoin qu'un adulte vienne le rassurer, le calmer avec bienveillance, lui prêter main-forte (ou « cerveau-fort »...) pour lui permettre de sortir sans dommage de ce moment où il ne contrôle plus rien.

À hauteur d'un enfant de 7 à 10 ans environ

L'observation spontanée a permis depuis bien longtemps de parler « d'âge de raison » vers 7 ou 8 ans. C'est-à-dire qu'on a remarqué que l'enfant est alors capable de commencer à faire des analyses. La science nous démontre aujourd'hui que son cortex commence à être mieux connecté, lui permettant ces nouvelles expérimentations. On sait bien que la question préférée du jeune enfant est : « Pourquoi ? » En effet, il cherche à comprendre le monde... Mais ses pourquoi sont encore reliés à des faits : « Pourquoi la lune est dans le ciel ? Pourquoi la mer est salée ? Etc. » Il ne se pose pas encore la question de savoir pourquoi il est important d'acquérir tel ou tel comportement qui lui facilitera sa vie d'adulte.

L'école primaire reçoit les enfants au moment où ils peuvent seulement commencer à expérimenter et à comprendre le sens du vivre-ensemble. Dans les années 1930, Célestin Freinet, célèbre pédagogue français, a proposé une organisation qui permette d'acquérir, par l'expérimentation, ces comportements sociaux. Je laisse ici la parole à un ami issu de l'éducation Freinet, avec lequel j'évoquais ce sujet :

« L'histoire de la coopération à l'école nous montre que de réels progrès sont observés en apprentissage de la démocratie lorsque les enfants sont mis dans des conditions réelles de l'exercer.

La pratique ou l'exercice de la vie coopérative est bien un lieu où s'apprennent l'écoute de l'autre, l'attention aux autres, la confrontation et l'argumentation des points de vue, la répartition des tâches, l'organisation du travail individuel ou de groupe, l'exercice des responsabilités, le respect de règles de vie, la pratique de sanctions[14] en cas de manquement… Freinet a fait apparaître que la pratique d'une réelle vie coopérative pouvait être un facteur de développement des apprentissages.

Il n'y a pas de réel apprentissage sans réel exercice. L'apprentissage est la résultante de l'exercice, de la pratique, d'une succession de tâtonnements composés d'une suite d'échecs et de réussites. Apprendre à nager en dehors de l'eau est un pari difficile. »

Or, bien trop souvent, on attend que l'enfant se comporte déjà comme un petit citoyen, autrement dit qu'il sache nager sans avoir jamais vu la mer !

À hauteur d'un ado

Tout au long de l'adolescence, le cerveau évolue pour devenir plus efficace et se spécialiser, mais toutes les parties ne se perfectionnent pas en même temps. Le système limbique (celui qui ressent les émotions) se développe très vite, alors que le cortex préfrontal (celui qui régule les émotions, les comportements et la capacité de prendre des décisions) mûrit plus lentement[15]. L'adolescent est donc soumis à des émotions très vives sans pouvoir vraiment les contrôler. Lui reprocher de ne pas savoir gérer ses émotions est très injuste car l'état du développement de son cerveau ne lui en donne pas la possibilité. Il est donc « par nature » plus impulsif. Les joies sont exacerbées, les peurs très angoissantes, les tristesses immenses et les colères intenses…

---

14 Attention, comme on l'a vu plus haut, sanction ne signifie pas punition.

15 Source : « Parlons Sciences », site internet canadien (Université McGill). On lira avec intérêt l'article sur le cerveau des l'adolescents : https://parlonssciences.ca/ressources-pedagogiques/les-stim-en-contexte/comprendre-le-cerveau-de-ladolescent

et il n'y peut rien. Il serait nécessaire que son cerveau immature soit pris en charge par un adulte instruit de tout cela, qui connaisse le fonctionnement du cerveau de l'adolescent et ne le lui reproche pas, un adulte, aussi, dont les émotions auraient été bien accueillies à l'adolescence, ce qui lui aurait donné la possibilité d'accueillir à son tour celles de son ado !

L'adolescence, c'est aussi l'âge de l'entrée au collège. Si l'entrée à l'école maternelle puis primaire lui a apporté quelques notions de vivre-ensemble, le changement est très important au collège : chaque jour, il faut changer de cours, de professeurs, de salles... On sort beaucoup plus du cocon et, selon l'expression de Philippe Meirieu, chercheur spécialisé dans les sciences de l'éducation, on aborde « l'ère de la socialisation secondaire, donc de toute une nouvelle adaptation ». Le collège est réputé pour être le lieu de possibles harcèlements dans la cour de récréation. Certains professeurs peuvent parfois avoir une attitude plus rude. Récemment, un garçon de 12 ans, hypersensible, me disait en pleurant qu'un prof disait à la classe qu'ils étaient tous des crétins... Or, c'est le moment, souvent, où les parents se mettent à s'inquiéter des résultats scolaires et redoublent pression et exigences.

Les adultes sont souvent très démunis au moment de l'adolescence du jeune humain. Tant qu'il était petit, il avait peu de moyens de comparaison, de réflexion, de contestation. L'obéissance et la sagesse n'étaient pas trop difficiles à obtenir, que ce soit par un système de menace ou de chantage à la punition (ou, pire mais redoutablement efficace, de chantage à l'amour). À l'adolescence, il en va tout à coup différemment. Le contexte a changé, ses expériences se sont diversifiées, il a accès à bien plus d'informations que ce que son milieu familial lui offrait jusqu'alors. D'autre part, ses capacités sont plus élaborées. Il commence à se poser des questions existentielles et à réfléchir.

Il a donc plus d'opportunités et de moyens pour se révolter. Le système de domination, d'obligation ne fonctionne plus du tout… à moins qu'il soit éteint, résigné.

Quelles « bêtises » sont punies ?

Ici, nous allons lister quelques comportements qu'il s'agit bien de modifier, je n'en disconviens pas. Éduquer, c'est bien aider notre enfant ou notre ado à acquérir un comportement social qui lui permettra de vivre avec les autres, en entretenant des relations saines, que ce soit dans son foyer ou dans son travail. C'est l'aider à conserver une confiance en lui sereine quelles que soient les circonstances, parfois bien compliquées, que la vie lui fera traverser. On confond bien trop souvent « ne pas punir » avec « ne rien dire » ou « ne rien faire ». Aujourd'hui, alors que les coups et autres fessées sont (enfin !!!) interdits par la loi, les adultes punissent (et nous détaillerons plus loin comment). Or, il existe une autre manière d'obtenir un comportement socialement adapté de notre enfant et c'est ce que nous détaillerons aussi plus loin dans cet ouvrage. Je ne prends pas la défense des enfants ou des ados contre les parents ou les adultes. Je propose des manières de faire, des « outils » d'éducation pour que tout le monde puisse vivre ensemble agréablement, puisse conserver des relations confiantes et joyeuses à court et à long terme.

Une personne difficile, ça n'existe pas !

Ce qui existe, ce sont des personnes en difficulté qui ont un comportement difficile.

Nous le savons bien, nous, qu'au fond nous sommes gentils. Nous savons que nous recherchons calme,

> tendresse, reconnaissance, accueil. Que nous aimerions vivre des relations sereines, souriantes, décontractées.
>
> Mais si nous sommes en difficulté, il se peut que nous devenions agressifs, nerveux.
>
> Lorsqu'un jeune humain « fait une bêtise », soit il ne s'en rend pas compte, soit, dans l'état du moment, il n'a pas pu s'en empêcher.

Les cris

L'enfant crie et il arrive que l'adulte, excédé et incommodé par les cris, crie à son tour ou punisse. Bien sûr, il est difficile de supporter les cris, surtout quand ils sont accompagnés, chez l'enfant ou l'ado, de mots désagréables, mais prenons le temps de comprendre pourquoi, depuis tout petit, le bébé crie. C'est même le premier signe que tout va bien lorsqu'il naît. C'est la première manifestation de vie et toute femme qui a eu un enfant doit se souvenir de l'ineffable joie d'avoir entendu ce premier cri. À quoi correspondait-il, au-delà d'une manifestation de vie ? Il correspondait sans doute à un moment de stress pour le tout-petit, découvrant un univers inconnu, bien plus hostile que l'environnement protecteur au sein duquel il vivait jusque-là. Oui, les cris, les pleurs sont la première expression naturelle d'un grand stress et le temps que tout puisse fonctionner dans le cerveau, c'est-à-dire tout au long de l'enfance et de l'adolescence, les cris et les pleurs ne sont que la manifestation spontanée, involontaire, d'un malaise. À l'âge adulte, d'ailleurs, ce fonctionnement peut perdurer dans les circonstances plus difficiles. De quoi avons-nous besoin lorsque cela nous arrive encore ? Qu'est-ce qui nous serait absolument insupportable au moment où nous vivons un stress qui nous fait crier ou parler plus haut et fort ? Supporterions-nous avec le sourire que qui que ce soit nous réprimande, nous dise d'aller nous calmer, nous « punisse » par exemple en nous isolant ? C'est fort peu probable. Il est probable en revanche que nous ressentirions une certaine rancune contre quelqu'un (surtout si c'est un proche censé nous aimer et nous protéger) qui refuserait de nous rassurer, de nous apporter son soutien par sa tendresse solide. L'enfant, lui aussi, a ce besoin impérieux et, sans cela, son monde vacille. Nous verrons au dernier chapitre quelques propositions pour l'accompagner lorsqu'il est en crise. Les cris peuvent donner l'occasion de punir. Et quel peut être notre réflexe quand un enfant ou un ado crie ? Il peut nous arriver de crier plus fort que lui et c'est ainsi qu'on lui enseigne que celui qui crie le plus fort aura raison puisqu'il aura, en même temps, le pouvoir de punir. Nous savons bien que, si nous crions, c'est sous l'emprise de la fatigue, de l'exaspération, parce que nous sommes à bout et démunis, peut-être parce que nous avons peur pour lui. Mais pensons alors que lui aussi est sans doute fatigué, exaspéré, démuni et que, dans l'ordre des choses, c'est à nous, adultes, de trouver la ressource nécessaire pour nous calmer avant lui.

Le mensonge

Le mensonge est considéré comme insupportable par bien des adultes qui voudraient que le jeune soit tout à fait « transparent » dans ses faits et gestes. Souvenons-nous : il l'a été ! Il était tout à fait sincère et vous disait tout, tout, tout… jusqu'au jour où il s'est fait punir ou sermonner, le jour où il a dû subir un discours culpabilisant, jugeant, le jour où on a tenté de lui démontrer qu'il n'était qu'un écervelé, stupide, irresponsable, voire dangereux. Alors, il a perdu confiance en vous et, comme il est malin, il a cessé d'aller au-devant de ces moments désagréables. Et on peut le comprendre. Mais c'est embêtant car, en conséquence, il se retrouve seul ou juste entre copains du même âge donc tout aussi immatures pour régler les problèmes qui peuvent survenir. Faisons le parallèle avec ce que nous ferions si, lorsqu'il nous arrive de casser un objet, nous devions subir la colère ou le jugement d'un plus fort et plus grand que nous. N'est-il pas probable que nous tenterions de cacher nos futures maladresses ?

Un comportement inapproprié

Un comportement inapproprié peut aussi occasionner une punition. Par exemple, un usage immodéré du téléphone portable ou des jeux vidéo. Bien entendu, les parents se doivent d'être garants de la sécurité intellectuelle de leur enfant. Mais il y a d'autres manières que la punition pour changer les choses. C'est ce que nous verrons au dernier chapitre.

L'effronterie ou les injures

Bien entendu, l'effronterie et les injures ne doivent pas être acceptées. Personne ne grandit bien dans un climat insalubre. Réfléchissons : nous avons probablement tous eu envie d'insulter quelqu'un, un jour. Nous ne le faisons pas parce que notre cortex préfrontal (le territoire qui est en charge de la gestion des émotions) nous permet de réguler notre émotion et que notre cortex, capable de réflexion, nous permet de trouver une manière appropriée de réagir. Mais l'envie a bien dû surgir si nous nous sommes sentis humiliés, contraints, incompris. Il est probable que l'ado qui affronte (ou effronte…) vive ce sentiment et que son cortex orbitofrontal encore immature ne lui permette pas de s'empêcher de s'emporter. C'est alors le cerveau reptilien qui réagit.

Les mauvais résultats scolaires

Les résultats scolaires sont aussi bien souvent l'occasion d'une sorte de chantage à la récompense ou à la punition. Et ceci signifie à l'enfant ou à l'ado qu'il travaille pour vous et pas pour lui. Ne doutons pas qu'il a envie d'avoir de bonnes notes, d'en être fier, de se faire et de vous faire plaisir. Si ce n'est pas le cas, c'est que quelque chose l'en empêche ou bien qu'il y a renoncé par découragement. Ce que l'on considère comme de la flemmardise ou un manque de motivation est peut-être en effet dû à un manque de motivation, mais pourquoi ? Peut-être n'a-t-il pas les moyens d'arriver à la performance qu'on lui demande ? S'il a 4 de moyenne et qu'on lui demande d'atteindre 10, gagner 6 points d'un coup lui paraît tout à fait irréalisable (de même s'il a 10 et qu'on lui demande d'arriver à 16...). Il pourra y arriver, mais progressivement, dans un climat de confiance et d'encouragement. Peut-être n'en voit-il pas le sens ? À un âge où le futur est encore une notion floue, ce n'est pas évident de faire le lien de cause à effet et, trop souvent, on lui parle d'un concept global dont il ne peut définir les contours. « C'est pour que tu aies plus tard une bonne situation », c'est souvent l'explication qu'on lui donne si on ne se contente pas de demander juste des bonnes notes et une bonne conduite dans l'immédiat. Mais, à quoi ça sert de faire des maths, selon lui, s'il rêve de devenir boulanger ? À quoi ça sert la géographie, selon lui, s'il rêve de passer sa vie à développer des systèmes informatiques ? Il aurait alors besoin d'explications claires, montrant le sens précis des efforts qu'on lui demande. Il aurait aussi besoin qu'on ne nie pas que c'est vraiment difficile de faire tous ces efforts. Il aurait besoin qu'on admette qu'il a raison, au fond, et que certains apprentissages ne lui serviront pas dans la vie... sauf à avoir appris à apprendre et, peut-être, à se découvrir une passion à laquelle il n'aurait jamais eu accès si on ne la lui avait pas fait essayer ?

Nous nous poserons aussi, au collège, la question de savoir si quelque chose le préoccupe au point de l'empêcher de se concentrer ou de lui faire prendre le collège en horreur. Par exemple, un harcèlement ?

Le problème des addictions

Voilà un sujet terriblement sensible ! Je comprends bien que des parents constatant que leur ado commence à fumer ou à boire ou à se priver de manger ou autre... soient très inquiets. Cela peut en effet devenir très dangereux et gâcher leur vie entière. Les enjeux sont si importants qu'il faudra absolument, dans ce cas, conserver son sang-froid et agir de la façon la plus juste possible. Sachez bien que toute tentative de moralisation, de critique, de privation, de punition, de reproche ne ferait qu'éloigner le jeune de votre influence. Il continuerait en se cachant, il s'enfermerait très probablement dans l'engrenage vertigineux du toujours plus. Dès la première alerte, il est essentiel de réfléchir avant d'agir. Bien sûr, les émotions des parents sont, dans ce cas, horriblement mises à mal.

- Premièrement, il est important de relativiser si ce comportement n'est pas encore installé. Si toutes les personnes qui ont eu l'occasion de jouer avec le feu étaient devenues addictives, il ne resterait sans doute pas grand monde, chez les adultes d'aujourd'hui, pour prétendre n'avoir jamais, au grand jamais, eu de conduite à risque !

- Ensuite, il faudrait se renseigner précisément sur la conduite à tenir et se faire accompagner, en tant que parent, par exemple auprès d'un centre spécialisé.

- Bien sûr, il sera important de manifester sa désapprobation claire, d'expliquer pourquoi, en employant les données de la science et pas en brandissant des épouvantails, mais surtout, surtout, il s'agira de manifester à son enfant qu'on conserve toute sa confiance en lui, qu'on est à ses côtés pour l'aider à sortir de ce mauvais pas[16]. Il faudra l'écouter, écouter son

---

16 Cet ouvrage n'est pas destiné à traiter en détail ce problème important. Il en existe plusieurs : un bon libraire saura vous conseiller.

malaise, ses doutes, ses difficultés, ses peurs (même si tout cela vous paraît dérisoire) en demeurant solide… ce qui n'est pas facile, j'en conviens, mais qui est essentiel.

Nous devrions toujours, TOUJOURS, avant de critiquer un comportement inadéquat, nous demander ce qui l'a occasionné. Quel grain de sable vient gripper la machine à bonheur ?

Pourquoi fait-il « une bêtise » ?

Pour remédier à une panne, il faut en comprendre l'origine. Pour soigner une maladie, il faut poser un diagnostic juste qui permettra de trouver le traitement adapté. On ne soigne pas le symptôme mais la cause du symptôme.

De même, pour que l'enfant ou l'ado arrête de faire des bêtises qui peuvent avoir des conséquences dommageables pour lui-même ou pour son entourage, il faut démonter le mécanisme qui le conduit à faire ces bêtises. C'est alors seulement qu'on pourra trouver la juste attitude qui permettra de faire évoluer la situation, car on constate bien, n'est-ce pas, que cris, remontrances, énervements, punitions ne fonctionnent pas et ne font qu'envenimer les choses. On fait du « toujours plus de la même chose [17] », obstinément, et on s'étonne d'avoir toujours plus de réactions similaires en retour. Étudions donc quelques hypothèses qui pourraient expliquer les comportements inappropriés des enfants ou des ados.

Il ne sait pas que c'est une bêtise

Il ne sait pas que c'est une bêtise, il n'a pas eu conscience des conséquences de son acte. Un enfant jeune, lorsqu'il joue au

---

17 *Comment réussir à échouer*, Paul Watzlawick, Points, 2014.

ballon, n'anticipe pas que le ballon qui arriverait sur le verre pourrait casser le verre ou qui arriverait sur la tête de quelqu'un pourrait lui faire mal. *A priori*, pour lui, c'est le ballon qui est coupable et il ne comprendrait pas le sens d'une punition. Il se peut qu'il devienne peureux et n'ose plus jouer au ballon si on n'a pas saisi l'occasion de lui expliquer ce qui s'est passé et quelles précautions il devra prendre une prochaine fois. À l'adolescence, les bêtises peuvent être plus lourdes de conséquences mais partir de la même innocence. À 20 ans, on a plus de facultés de raisonnement qu'à 17, à 17 qu'à 15, à 15 qu'à 12... On ne peut pas encore spontanément analyser une situation et ses conséquences et c'est normal. J'ai l'habitude de dire qu'on ne peut pas reprocher à un fruit de ne pas être mûr à point, comme on ne peut pas reprocher à un ado de ne pas encore pouvoir réfléchir en tenant compte de l'ensemble des données du problème. Donc, il ne voit pas les possibilités de drames s'il accepte de fumer un joint, s'il relève des défis dans la cour du collège, s'il pratique un sport dangereux sans protections, etc. Et il ne suffit pas de lui faire la morale, encore faut-il lui fournir des solutions. Quand il était petit, on lui disait : « Tu ne peux pas faire ça, mais ça oui ! » Quand il est ado, on devrait conserver la même manière : « Si tu as vraiment envie de faire du BMX, je te demande de porter un casque : regarde, les champions en portent. Pourquoi, à ton avis ? »

Exemple de punition pour Tom

Tom, 15 ans, se souvient d'une punition qu'il a reçue.

- Maman avait un magasin et, un jour, j'ai craché sur la vitrine !

- Ah ?

- Oui, et puis j'ai étalé !

- Ah ah ?

– Oui, je voulais nettoyer la vitrine ! J'avais moins de 6 ans… Je me suis retrouvé au piquet dans la rue. Heureusement, une voisine est venue et m'a donné un bonbon !

Il cherche à se venger

Il veut se venger, consciemment ou inconsciemment. Maintenant, plus rien n'a d'importance. Il a renoncé à espérer être reconnu comme un petit cœur aimant et fragile. Il se sent traité en mauvais objet, en erreur à corriger, alors il va dans la politique du pire et plus rien ne l'arrête.

- **Contre les autres.** Il peut entrer en confrontation directe avec l'autorité, quelle qu'elle soit. Il provoque, il s'en fout, il peut même aller jusqu'à la violence verbale ou physique.
- **Contre lui-même.** Il croit en ce qu'on lui a dit et il se méprise, donc plus rien n'a d'importance. Il peut commencer à porter atteinte à sa personne, mal manger, se droguer, boire pour oublier qu'il se déteste, ne plus se respecter, et même commencer à se scarifier, voire pire…

Un mot sur l'obéissance

Et si l'obéissance exigée était en réalité une bombe à retardement[18] ?

Plus que jamais, les jeunes sont soumis à un matraquage publicitaire, à des propagandes assenées, à des influenceurs-gourous, tout cela étant éminemment dangereux. Si nos efforts ont été tournés vers l'objectif de rendre enfants et ados bien dociles, il

---

18 Ce passage doit beaucoup à Abdennour Bidar et aux idées qu'il a développées lors du colloque « Apprenez-leur la liberté par le détachement sécure », janvier 2023

https://drive.google.com/drive/folders/1U-FE_Ow1SCSRKipSiMHY6_P3XwyJbiA9

se pourrait qu'ils rejettent l'autorité contraignante (punissante, reprochante) que nous aurions voulu leur imposer mais qu'ils aient conservé le pli de la docilité et de l'obéissance aveugle, et qu'ils se soumettent sans réflexion, à des idées savamment distillées dans leur cerveau. En quelque sorte, que l'obéissance du faire soit devenue une obéissance de pensée.

Alors, au lieu de s'obstiner à vouloir que les enfants obéissent, cultivons en eux la liberté de pensée, ce qui leur permettra de se libérer des ignorances, des aliénations, des exploitations idéologiques et de conduire leur vie avec justesse, de penser juste et d'agir juste.

4
Les façons de punir

Les lieux de punition

Bien des enfants sont sur le qui-vive du matin au soir, tous les jours de l'année… Puisque l'adulte a le pouvoir de leur infliger une punition si leur attitude est jugée insatisfaisante, ils peuvent en être réduits à considérer les adultes comme des dangers potentiels permanents. Quel dramatique paradoxe d'avoir peur de ceux dont il a besoin pour survivre ! Que ce soit à la maison, à l'école ou même dans des clubs de loisirs ou de sport, pour certains enfants, le danger rode partout et tout le temps !

La maison

La maison qui devrait, pour tous, être le lieu de sécurité, le nid douillet ou la tanière-refuge en quelque sorte, est bien trop souvent un endroit de tension, de conflits, de reproches. Chacun rentre fatigué après une journée de travail et n'a pour seul souhait que de pouvoir se détendre. Or il faut assurer la logistique quotidienne, faire les devoirs et, dans cette époque où tout doit s'accélérer, où tout doit s'accumuler, dans cette époque du « toujours plus », dans cette époque des catastrophes et menaces sur le monde diffusées en boucle par les médias, dans cette époque d'angoisses multiples, les habitants de la maison peuvent, tous, vivre épuisés, à cran, hypersensibilisés. La moindre contrariété, pour les uns ou les autres, peut devenir l'occasion de crises très vives. Chacun souhaite (ou parfois exige) que l'autre ne lui apporte surtout pas de contrariété supplémentaire.

L'adulte fait comme il peut, avec ses soucis, sa fatigue… et ses émotions, parfois plus ou moins cabossées par ce qu'il a vécu enfant… Il se sent peut-être contraint par des injonctions sociales ou personnelles ?

L'ado fait comme il peut, avec ses soucis, sa fatigue. et ses émotions à vif, avec sa construction encore fragile. Si on lui reproche son immaturité, si on le contraint et lui donne des injonctions impossibles, il se pourrait bien que ses émotions se retrouvent elles aussi, cabossées pour l'avenir…

Alors que l'ado ne PEUT rien, il serait nécessaire que l'adulte prenne l'initiative et se donne les moyens de retrouver le premier la bonne humeur et le calme. Comment ? En se donnant à lui-même moins d'injonctions, en prenant soin de lui-même, en favorisant des moments de rire, de rêverie, d'amitié, de musique, de méditation, de lecture, de gymnastique douce ou de sport intense… J'ai, dans un autre ouvrage[19], développé le concept d'égoïsme vertueux, qui permet ensuite d'apporter à ses proches le calme, la bonne humeur, plutôt qu'un lot d'exaspération et de nervosité.

L'école

L'ado, comme nous-mêmes, est curieux de ce qu'il ne connaît pas. Il aime découvrir, il aime apprendre des choses nouvelles et, comme nous, il est capable de faire un effort si ce qu'il découvre l'intéresse, lui est utile ou si cela fait sens pour lui. Le grand pédagogue Philippe Meirieu apporte une précision intéressante : il dit que l'enfant aime savoir, mais que l'enfant n'aime pas apprendre, car l'apprentissage demande des efforts. Cela doit nous interpeller en termes de motivation, puisqu'on ne s'engage dans une action qui demande des efforts que si l'on en comprend vraiment le sens et que cela répond à une cohérence interne.

---

19 Marie-Jeanne Trouchaud, *Apprenez-leur la liberté*, First, 2022.

À l'école primaire, les choses aujourd'hui se passent le plus souvent bien. Il arrive qu'un enseignant stigmatise un enfant, ne comprenne pas l'origine d'un comportement inapproprié ou soit lui-même excédé par un ensemble de problèmes qui dépassent son seul métier mais, dans l'ensemble, le fait de créer un espace dans lequel les enfants et leur enseignant(e) ont du temps pour créer une vraie relation permet d'être moins sous pression. Un enseignant de primaire au contact chaque jour, 6 heures par jour, des mêmes enfants a la possibilité de mieux connaître chacun, de repérer les moments de fatigue. En quelque sorte, il a, plus qu'au collège, le moyen d'apporter un peu d'individualité dans les relations. D'autre part, les enfants sont aussi moins à vif qu'ils ne le seront à l'adolescence. Ils sont encore plutôt dociles car ils n'ont pas intellectualisé leur possibilité de résistance ou de rébellion face au pouvoir. Ils ne remettent pas trop en cause les règlements et les ordres qui leur sont imposés comme une évidence. Il n'en demeure pas moins vrai que les moqueries ou humiliations subsistent encore et cela peut tétaniser l'enfant au point de le rendre muet, incapable de réciter une leçon ou de prendre la parole. Il peut aussi être puni pour n'avoir pas su sa leçon. Mais sait-on pourquoi il n'a pas rendu son devoir ou appris sa leçon ? Philippe Meirieu propose, à la suite de Jacques Lévine, de créer à l'école un « espace sans menace[20] ».

La punition de Kevin, 11 ans, en 6e

C'est un enfant qui traverse une période très difficile. Conflit entre les parents, drame familial, beau-père maltraitant... Il est très nerveux et me dit qu'il fait beaucoup de bêtises et qu'il rend tout le monde malheureux.

20 Abdennour Bidar et Philippe Meirieu, *Grandir en humanité*, Autrement, 2022.

> En 2 mois, il a 32 notifications sur Pronote[21], à propos de son comportement. Peu à peu, pourtant, il reprend confiance en lui. Or, ce jour-là…
>
> « J'avais appris ma leçon, je la savais ! La prof m'a fait venir au tableau et les autres se sont moqués. Je ne savais plus rien, je ne pouvais plus rien dire… J'ai eu un zéro… »

Au collège, là encore, comprendre l'immaturité affective de l'ado et le développement de son cortex permet de mieux appréhender ce qui se passe. Le collège devrait être un lieu de plaisir d'apprendre, comme il devrait être un lieu de plaisir d'enseigner. Mais le contexte change du tout au tout. Le programme avec les examens qui se profilent à l'horizon devient plus pressant, les professeurs passent d'une classe à l'autre, ils sont de plus en plus sous contrôle de l'institution et des parents, les adolescents sont en pleine prise de conscience de l'absurdité de certaines injonctions, en pleine crise de remise en question de l'ordre établi. Leur sensibilité à fleur de peau alliée à l'impossibilité de trouver des solutions raisonnables les laisse démunis. D'autre part, s'ils se sentent à tout moment menacés de punition, ils peuvent alors être bien plus préoccupés par le moyen d'y échapper que par les apprentissages. Jacques Fradin affirme que, si on traitait convenablement le cerveau des élèves, en leur évitant le stress, 90 % d'entre eux pourraient arriver au niveau des élites[22] !

La poudre à canon n'est explosive que mise sous pression !

---

21 Le logiciel de gestion des notes et appréciations des professeurs à l'école.
22 Jacques Fradin, magazine *Enseignement catholique actualités*, novembre 2009.

Un mot sur Pronote

Pronote est un système qui a été inventé pour faciliter les relations entre les professeurs et les parents. Cela permet aussi aux collégiens de savoir quels devoirs ou leçons ils doivent étudier. L'idée est sans doute partie d'une très bonne intention et peut, bien utilisée, rendre service. Cependant tout ce qui se passe au collège est aujourd'hui, dans l'instant même, accessible aux parents. Il y a une traçabilité du comportement des jeunes et cela peut devenir vraiment intrusif quand la moindre incartade est signalée. Certains parents sont accros à Pronote, guettant à tout moment ce qui se passe en classe, surveillant dans la seconde, la conduite de leur enfant, mais aussi les remarques des professeurs... Il serait bon d'en faire un usage modéré.

Explication : violence et harcèlement

Dans ces conditions, on peut facilement expliquer la violence et le harcèlement en nous servant, encore une fois, d'expérimentations scientifiques. Je résumerai ici l'expérience conduite par le célèbre neurobiologiste Henri Laborit sur des rats et qu'il a relatée dans son ouvrage majeur : *Éloge de la fuite*[23]. Un rat de laboratoire soumis à une punition (une décharge électrique) à laquelle il ne peut pas échapper tombe malade et en porte les séquelles plusieurs semaines après. Il a été dans l'inhibition de l'action. S'il se trouve alors un adversaire, il l'agresse et, bien qu'il ait subi la décharge électrique, il demeure en bonne santé[24]. La violence peut être « nécessaire » pour assurer la continuité de sa propre santé physiologique, faute de quoi elle pourrait même se retourner contre soi-même si les situations de contrainte, d'inhibition

23 *Éloge de la fuite*, Henri Laborit, Gallimard, 1985.
24 Je vous invite à aller écouter sur YouTube ce savant expliquant et montrant le film de l'expérience : https://www.google.com/search?client=firefox-b-d&q=la+violence+rat+de+laborit#fpstate=ive&vld=cid:f0389642,vid:IKU1x43gWzY.

ne présentent aucune échappatoire, fût-elle violente. À un âge où il ne peut pas encore vraiment analyser les conséquences de ses actes, où la notion de futur est encore floue, c'est-à-dire au moment de la jeune adolescence, le danger est fort et les passages à l'acte fréquents : violence envers les autres, harcèlement ou, au contraire, auto-punition, scarifications, tentatives de suicide ou, pour échapper à l'enfer de la souffrance, refuge dans les drogues, l'alcool, les addictions aux plaisirs immédiats et dangereux.

Les associations sportives, la cantine, les temps périscolaires

Ces moments seraient supposés être des moments de bien-être, de récupération, de loisir. Et ils le sont, en effet, si l'adulte en charge de gérer ces moments a reçu la formation indispensable pour offrir aux enfants ou aux jeunes un cadre sécurisant, joyeux et bienveillant. La réalité démontre qu'il existe bien des lacunes ! Je pense qu'il faudrait faire un immense effort de formation pour donner aux jeunes surveillants, animateurs, moniteurs, les moyens de mener des groupes de façon adaptée et respectueuse. Trop souvent encore, ils sont considérés comme des sortes de gendarmes investis du pouvoir de punir pour faire régner un peu d'ordre au cours de ces temps périscolaires ou associatifs. D'autres veulent se faire passer pour des copains.

En fin de compte, si on réfléchit bien, le seul lieu (ou le seul moment) dans lequel les jeunes ne risquent pas de se retrouver punis, c'est leur chambre quand elle est fermée à clé, ou quand ils sont sur leur téléphone portable en relation avec des copains… Et on s'étonne qu'ils recherchent ces moments-là ! Imaginons ce que nous éprouverions si nous vivions en permanence sous l'œil de gendarmes qui pourraient nous punir chaque fois que nous ne sommes pas parfaits ou quand nous les contrarions…

Typologie de punitions

Aujourd'hui il y a encore des enfants qui reçoivent des coups de ceinture… Il y a encore des enfants que l'on met sous une douche froide… Il y a encore des enfants que l'on envoie se coucher sans manger… Sous prétexte de ne pas dramatiser, je ne peux tout de même pas éviter de le dire. J'entends les enfants, j'entends les jeunes ados. Ces punitions touchent à l'intégrité physique du jeune humain et elles engendrent souvent réprobation ou indignation. Pourtant, d'autres punitions sont tout autant malfaisantes mais on ne les dénonce pas vraiment car les traces qu'elles laissent ne sont pas visibles sur le corps. Elles le sont pourtant sur l'âme, sur les émotions et sur le comportement qui en résultera, à court terme mais aussi, parfois, tout au long de la vie.

Je rappelle ici que la France a signé la Convention des Nations unies relative aux droits de l'enfant[25]. Il est notamment stipulé dans ce document que « tout ce qui porte atteinte au développement physique, mental, spirituel, moral, psychologique et social de l'enfant » est hors la loi, de façon non négociable.

Les privations

Par exemple :

- « Tu seras privé de dessert ». Parfois même, on envoie l'enfant se coucher sans manger… Punition infligée par un beau-père. Je n'exagère pas. Un garçon de 11 ans me le disait dernièrement et cela est confirmé par sa grande sœur.
- « Pas de téléphone ou de jeux vidéo pendant telle durée. »
- Refus de faire un câlin, refus de regarder…

25 Observation générale n° 13 (18 avril 2011) : le droit de l'enfant d'être protégé contre toutes les formes de violence.

La contrainte

Par exemple, l'obligation, sous la menace d'une punition encore plus sévère, de « faire des lignes », de faire d'inutiles exercices supplémentaires, de recopier un texte, de recopier un devoir dont on a estimé qu'il était mal écrit. Donner un travail absurde est vraiment absurde ! « Il n'est pas de punition plus terrible que le travail inutile et sans espoir »… affirme Albert Camus[26].

L'isolement, la privation de parole

Par exemple, on crie : « Va te calmer dans ta chambre ! », « Ne me regarde pas quand je te gronde ! » alors que l'enfant, tétanisé par son émotion, aurait juste besoin qu'un adulte calme lui apporte, sur le moment, un entourage solide et serein, non dénué de tendresse.

La chambre devrait toujours rester un lieu de protection, de bien-être, de douceur… Sinon, comment bien dormir ensuite dans un lieu où l'on a souffert ?

La douche froide

Ça, comme ce n'est pas battre un enfant, c'est encore utilisé dans des familles comme punition. Pourtant, il suffit d'imaginer ce que nous ressentirions si un géant venait nous emporter, nous contraindre, nous mettre sous une douche froide… Un enfant de 12 ans ajoute : « Et il m'a mis sous la douche froide, tout habillé ! Tout habillé !!! »

La correction

Bien que les violences soient interdites par la loi, elles persistent dans certaines familles. Oui, certains enfants ou ados sont encore corrigés sévèrement, cela peut aller de la taloche, la gifle aux

---

26 *Le Mythe de Sisyphe*, Albert Camus, 1942.

coups de ceinture. On ne vend plus de martinet, donc on ne peut même plus faire des nœuds au bout des lanières pour faire encore plus mal ou pour faire encore plus peur, alors on trouve autre chose, qu'on a sous la main mais qui, à coup sûr, peut faire bien mal… un torchon, une pantoufle… Tous les ados qui sont frappés témoignent par ailleurs qu'on s'habitue à la douleur physique mais qu'on n'oublie jamais le regard ni la virulence des mots. Rappelons toujours les mots d'Olivier Maurel qui nous invite à réfléchir : « Battre un animal, ce serait de la cruauté, battre une femme, de la brutalité et battre un enfant, ce serait de l'éducation ?[27] »

La moralisation, l'atteinte morale, l'humiliation

Les mots qui accompagnent la punition sont souvent terriblement blessants. Cela peut aller de la simple remarque qui fait comprendre à l'enfant ou à l'ado qu'on le considère comme stupide : « Tu ne travailles pas assez, tu ne vois pas que tu n'auras jamais ton bac ? » à des phrases directement humiliantes : « Tu es nul ! Tu n'as pas de cervelle ! ». On peut se demander quel but l'adulte recherche quand il prononce ces phrases. Sans doute ne se rend-il pas vraiment compte de l'impact produit chez son enfant ou son ado qui, même s'il est en colère qu'on le traite ainsi, ne peut s'empêcher de penser que, peut-être, il y aurait une part de vrai ? Il ne peut pas non plus s'empêcher de se demander pourquoi l'être qu'il a tant idéalisé quand il était petit le traite ainsi. Il y a des mots qui sont des coups de poing moraux.

Les « plaisanteries » agressives

Ici, la confiance est trahie car l'attaque est sournoise, enrobée de sourire, de fausseté. Dire à un petit garçon adopté, d'origine russe, lorsqu'il s'énerve : « Tu es comme Poutine. » Dire à l'aînée

27 *Oui, la nature humaine est bonne*, Olivier Maurel, Robert Laffont, 2009.

d'une fratrie qui commence, au collège, à faire quelques bêtises adolescentes : « Les enfants, c'est comme les crêpes, la première est toujours ratée. » Dire à un jeune : « Tu me gâches la vie »... Ça fait mal, très mal... Le parent qui emploie ces mots n'est sans doute pas vraiment conscient de leurs effets. Lui-même à bout, il essaye de provoquer une réaction positive car, en plus de sa propre exaspération, de sa fatigue, il ressent une réelle inquiétude pour l'enfant qu'il voit prendre un chemin dangereux. J'ai déjà écrit ailleurs que la bienveillance en intention ne garantit pas la bienveillance en action.

La menace

Plus l'enfant est jeune, plus la menace est efficace pour le faire plier. En effet, « La peur est pire que la punition, car cette dernière est précise ; importante ou minime, elle est toujours préférable à la tension horrible et diffuse de l'incertitude[28] ». L'enfant, rappelons-le, croit tout ce que ses parents disent. Il croit au Père Noël et à la petite souris... pourquoi ne croirait-il pas à la menace brandie par le même parent ?

Les deux attitudes du punisseur

- **La punition exaspération, impulsive :** sur le coup de l'épuisement, de l'exaspération, le punisseur peut avoir une réaction vive, parfois sans en mesurer les conséquences. On a tous entendu parler de ce père de famille, au Japon, exaspéré par son enfant en voiture. Il s'arrête au bord de la route et dit à l'enfant qu'il ne veut plus de lui. Bien évidemment, il n'en pense rien, il voulait juste faire cesser les cris du gamin et revient quelques minutes après, sauf que l'enfant a disparu.

28 Stefan Zweig, *La peur*, 1920.

Il faudra mobiliser les forces de l'ordre pour le retrouver, terrorisé, plusieurs heures plus tard. Il faudrait que les adultes voient un peu plus loin que le bout de leur peur ou de leur exaspération.

- **La punition châtiment, punition intentionnelle, pensée, prévue, « préméditée » :** l'intention est de faire passer le goût de recommencer. On veut « casser » la mauvaise habitude ou le manque de ce que l'on souhaite. Il fut un temps où l'on assénait un nombre compté de coups à l'enfant qui ne se comportait pas comme on l'attendait de lui. On voulait le réduire à la volonté de l'adulte, de gré ou de force. Aujourd'hui, ça peut prendre une tournure moins violente mais très sévère : « Si tu ne fais pas… » ou bien « Si tu n'as pas la moyenne… » ou encore toutes autres sortes de « si… », « tu seras privé de… ce à quoi tu tiens le plus ! Y compris du câlin du soir, ou de dessert, ou de téléphone, ou, ou, ou… » L'imagination du punisseur est grande !

5
Les effets de la punition

Dans ce chapitre, je vais détailler les effets de la punition. Je ne prétends absolument pas qu'il faudrait ne rien faire d'autre qu'un gros câlin quand l'enfant ou l'adolescent commet une grosse bêtise. Mais cela sera détaillé au chapitre suivant où je proposerai différentes manières d'agir mais, encore une fois, la vôtre sera la bonne ! Cependant la punition est, définitivement, une fausse bonne idée, même si elle peut efficacement, à court terme, provoquer le changement d'attitude attendu chez l'enfant. La punition, c'est cruel, absurde, contre-productif et dangereux.

La punition, ça peut marcher : ça peut permettre d'obtenir immédiatement le changement souhaité... Ou ça peut déclencher révolte et contre-attaque, surtout à l'adolescence... ou ça peut engendrer un profond sentiment d'inadéquation, l'impression de ne pas être « normal », d'être inacceptable puisque l'on n'est pas accepté, peu fiable, pas digne de confiance, mauvais, puisqu'il faut se corriger...

Bien des adeptes d'une éducation sévère affirment qu'il faut punir puisqu'on en voit les effets. Oui, on peut obtenir par la force ! Le rapport de force est tellement inégal que l'enfant peut se résigner et ne plus chercher à provoquer le courroux de ses parents et la punition. Comme un rat de laboratoire, il peut avoir appris à se protéger du danger en fuyant la relation. Mais c'est oublier le prix à payer pour l'enfant lui-même et pour les parents aussi puisque, peu à peu, l'enfant peut s'éloigner d'eux, leur en vouloir ou s'en vouloir à lui-même. Alors, quels peuvent être les effets de la punition lorsqu'elle est érigée en système d'éducation ?

Une ambiance à la maison détériorée

Quoi qu'il en soit, l'ambiance à la maison ne sera sans doute pas très joyeuse. On pourra peut-être vivre tout de même des moments sympathiques, de temps en temps, mais, dans l'ensemble, la confiance étant rompue, l'ado se réfugiera dans sa chambre ou fera la tête. Il évitera d'être en présence du danger. Quand il était petit, on pouvait lui dire de filer dans sa chambre et il était réduit à y aller, le cœur gros… Maintenant, c'est lui qui file dans sa chambre dès qu'il rentre du collège, vite, vite et ce sont les parents qui ont le cœur gros. Pour eux, la punition n'a pas été donnée « méchamment », elle a juste été une mesure éducative pour essayer d'éviter qu'il ne lui arrive des ennuis plus tard. Ils ont voulu en faire un homme, une femme, qui aurait une bonne situation et resterait en bonne santé. Ils ont juste voulu bien accomplir leur devoir de parent et ils se sentent en conséquence très désorientés par la réaction de leur adolescent. Ils s'étonnent et reprochent à l'ado de ne pas avoir envie d'aller se promener avec eux le dimanche…

La rupture de confiance

« La confiance est la capacité enfantine d'aller vers ce que l'on ne connaît pas comme si on le reconnaissait. Tu viens d'apparaître devant moi et je sais qu'aucun mal ne peut venir de toi puisque je t'aime, et c'est comme si je t'aimais depuis toujours. […] Sans confiance, plus de lien et plus de jour. Sans elle, rien.[29] »

Faute de pouvoir confier ses préoccupations à ses proches de crainte d'être puni, l'ado les confiera à ses potes, tout aussi immatures que lui. Les catastrophes peuvent arriver… La confiance est pourtant la chose essentielle à préserver, à cultiver entre l'enfant

---

29 Christian Bobin

et sa figure d'attachement. Un enfant confiant est calme, posé. Il peut demander conseil, il ne déclare pas les hostilités. D'ailleurs, ce n'est jamais le jeune qui déclare les hostilités. Soit son comportement était accidentel, réactionnel à tout un contexte, à la fatigue, à un gros souci, soit il est intentionnel, en « vengeance ».

Le manque de compétence pour analyser les situations et savoir prendre des décisions

Si on réfléchit bien, la soumission, c'est bien cela qui est recherché par le punisseur, c'est l'obéissance, sans même savoir pourquoi. Comment, alors, la méthodologie de prise de décision peut-elle être acquise ? À 15 ans, 16 ans ou 17 ans, tu obéis, sinon... Et à 18, tu prends des décisions ! Bien sûr, le parent aura donné des explications sur ses motivations mais, faute de dialogue donc de droit de réponse et d'argumentation, il se peut bien que l'ado n'écoute même plus. Il exécute ou il se rebelle.

La perte de confiance en soi

D'une part, l'enfant ou l'ado peut se sentir inapte puisqu'on ne lui fait pas confiance. D'autre part, sans dialogue ni réflexion avec des adultes, il se peut qu'il prenne des options bien risquées, qui ne seront pas discutées et peuvent échapper au bon sens. Des échecs peuvent alors venir alimenter ce sentiment d'indignité, de honte de soi, de mésestime.

La perte de confiance en l'autorité

Le jeune humain (notamment à l'adolescence) peut désormais tout confondre et assimiler toute autorité avec une volonté de prise de pouvoir sur lui, avec un abus de pouvoir. Il se peut que l'ado voie clairement ce qui se passe et se mette à mépriser le rapport de force qui lui est imposé et celui ou celle qui le lui impose. Il arrive qu'il fasse l'amalgame avec tous les adultes, tous dans le même panier, tous suspectés de vouloir dominer. Il se méfiera alors *a priori* des adultes, du monde adulte.

Plus de difficulté dans les apprentissages

Alice Guyon, docteure en neurosciences, explique dans un ouvrage passionnant[30] comment le stress agit sur le cerveau et le rend beaucoup moins disponible. Alors que tout ce qui favorise le bien-être, grâce à « un environnement enrichi », rendra le cerveau bien plus performant. L'environnement enrichi, nous explique-t-elle, est fait de nourriture saine mais tout autant d'activités adaptées et de relations de qualité.

Une fausse confiance en soi

Le mépris de l'autorité qui punit peut entraîner chez l'adolescent un sentiment de supériorité par rapport à ce qu'il juge absurde. Il a l'impression qu'il est bien plus sensé que ses parents et veut se faire plus gros que le bœuf… Et, plus il cherche à se grossir, plus on veut le réduire. Alors il veut se faire encore plus gros et on tente encore plus de le dompter ! Un véritable cercle vicieux.

La transgression

L'ado va prendre un malin plaisir à transgresser les ordres et les interdits. Il a suffisamment d'inventivité pour cela et les copains sauront lui fournir des idées s'il en manque. Ce jeune hacker est

30 *Comment enrichir son environnement pour aller mieux ?* Alice Guyon, Ovadia, 2019.

embauché aujourd'hui par une grande société pour assurer la cybersécurité de son entreprise. Il raconte avoir tout inventé et tout compris pour déjouer les multiples contrôles parentaux que ses parents installaient sur ses écrans... Transgresser est un jeu comme un autre pour un ado. Trahir la confiance, c'est beaucoup plus délicat car, envers et contre tout, le jeune reste fidèle à sa première source d'attachement, à l'amour qu'il a éprouvé.

Le mensonge et la dissimulation

Bien entendu, il va cacher, mentir, inventer. Il va élaborer des stratégies pour ne pas se faire prendre la main dans le sac. Qui donc irait dénoncer une bêtise qu'il a faite s'il sait que la punition en découlera ?

Et au fait, n'oublions pas que nous en faisons aussi, tous, des bêtises. Il nous arrive bien de casser un verre, de faire brûler un gratin, d'oublier de passer un coup de fil important, de négliger le rangement des papiers... Non ? Ici, ce sont des exemples à la maison. Mais, au travail, sommes-nous toujours exempts de maladresses, d'erreurs, d'oublis ? Comment réagirions-nous si on risquait une punition ? « Vous aurez un travail supplémentaire ou votre salaire sera diminué », par exemple...

La violence envers les autres

Tellement en colère d'être puni, l'adolescent peut extérioriser sa colère sur tout ce qui l'entoure, objets ou personnes. Tellement contraint, il peut, comme le rat d'Henri Laborit, se défouler en frappant, en cassant. Son cortex orbitofrontal ne peut pas encore gérer les flots d'émotion qui le submergent et il se retrouve à faire n'importe quoi.

La violence contre soi

Si la souffrance est trop grande et les interdits très puissants, il se peut qu'il retourne la violence contre lui-même, en se scarifiant, en se maltraitant, en s'arrachant des touffes de cheveux, en mangeant de manière complètement désordonnée. En quelque sorte, il se punit et, simultanément, a l'impression de reprendre peu ou prou le contrôle sur sa vie.

J'ai discuté avec plusieurs jeunes qui se sont scarifiés, brûlés, avec d'autres qui ont frappé tellement fort sur un mur qu'ils se sont cassé la main. Tous m'ont dit que le fait de faire était moins pire que le fait de ne rien pouvoir faire, le fait de subir tout le temps. Et attention, les parents, le plus souvent, ne le voient pas venir : ils sont focalisés sur le comportement inadéquat de l'ado et ne recherchent pas la cause de ce comportement, ou bien ils l'attribuent à une mauvaise fréquentation, ils interprètent et n'écoutent pas leur enfant et sont les premiers à être à la fois affolés et meurtris quand ils découvrent que leur ado se mutile.

L'exemple d'Armelle

Cette jeune fille est décédée depuis 7 ans, après avoir oscillé entre les crises de boulimie et les épisodes d'anorexie sévère. Elle me disait qu'elle frappait contre les murs, au point d'avoir des fractures dans ses mains, car cela représentait « le mur » sans faille d'incompréhension, de jugements et de contraintes que lui imposaient ses parents.

L'auto-punition

Se sentant vraiment nul, puisqu'on le lui signifie, il se peut que l'ado se censure, qu'il n'ose plus estimer mériter quoi que ce soit de positif. Il veut se fondre dans la masse, passer inaperçu, ne pas exister. Plus loin, il risque de ne plus se respecter, de ne plus prendre soin de lui. Une jeune fille peut outrageusement se maquiller, par exemple, pour camoufler la honte qu'elle éprouve.

Les conduites à risque

L'ado a déjà, naturellement, l'envie de tester, de se créer des challenges ou de relever les défis. Cela, au moins, est susceptible de lui apporter du plaisir. Alors, si la communication avec sa famille est rompue, ou si toute communication est discréditée, il peut foncer, tête baissée, dans tous les jeux stupides, toutes les tentations, tout ce qui peut lui apporter un shoot d'adrénaline, faute de pouvoir goûter à la joie d'une ambiance sereine, agréable et respectueuse à la maison.

L'engrenage de la domination, du rapport de force

Le message analysé spontanément par le puni, c'est que c'est celui qui détient le pouvoir, celui qui domine, qui s'en sort sans dommage. Alors, il va vite retenir la leçon et entrer sur le ring. À la maison, il commence à vouloir avoir le dessus, à crier, puis il ne peut que claquer des portes mais, ailleurs, il peut s'exercer pour ne tout de même pas avoir à subir dans toutes les situations. L'ado peut alors adopter le système de la loi du plus fort, de la loi de la jungle.

Les réseaux sociaux et forums

Comme on l'a déjà dit plus haut, l'isolement résultant de la rupture de confiance et de relation dans le milieu familial peut jeter des jeunes dans les bras idéologiques d'influenceurs qui pullulent de toutes parts sur les réseaux sociaux et forums. Si le jeune humain, qui va consulter et participer à ces discussions sur des forums, se sent enfin compris, flatté et accueilli sans jugement, il se peut qu'il n'ait pas le recul nécessaire pour discerner le vrai du faux et qu'il se fasse prendre au chant des sirènes de personnes tout à fait incompétentes ou pire, tout à fait malfaisantes. Aujourd'hui, les gourous peuvent exercer leur pouvoir sans même avoir à se déplacer, sans avoir à accueillir sur place. Il leur suffit d'avoir un ordinateur et de savoir séduire.

Devenir harceleur

Une autre conséquence peut aussi être de pousser l'enfant ou le jeune à adopter une posture dominatrice en cherchant à contraindre, à faire souffrir. Si on n'a pas fait preuve d'empathie vis-à-vis de lui, si on ne l'a pas respecté, il se peut que les concepts d'empathie et de respect ne soient absolument pas envisagés, qu'ils lui soient même étrangers. Si le domaine de la relation saine est une terre inconnue pour lui, si l'altérité lui semble aussi exotique qu'un voyage au fin fond d'une jungle… il se peut alors qu'il prenne plaisir à soumettre à son tour, à se moquer, à faire du chantage, à racketter, à harceler. Il est même possible qu'il ne soit vraiment pas conscient du mal qu'il génère et que cela ne soit pour lui qu'un jeu comme un autre, un moment de distraction dans son monde contraint.

6
Mettre en place des alternatives à la punition

Vous étiez sans doute déjà plus ou moins convaincu des dangers de la punition puisque vous avez ce livre entre les mains. Mais le problème demeure de savoir comment faire lorsque l'enfant ou l'adolescent a une conduite inadaptée, car il n'est pas question de passer à autre chose sans avoir pu profiter de la circonstance pour faire grandir l'enfant « en discernement et en humanité[31] » et avoir eu un rôle éducatif.

Soyons bien clairs, il n'est pas du tout question de renoncer à apprendre aux enfants à vivre en bonne intelligence en société, à leur apprendre la valeur du travail, celle de la solidarité, celle du respect d'autrui, à leur permettre de découvrir la joie d'être empathiques, ni celle de résoudre les conflits. Il n'est pas question – ce serait terrible ! – de renoncer à leur apprendre qu'ils ne sont pas le nombril du monde, ce qui les rendrait inaptes au vivre-ensemble et… à l'amour !

Fixer des objectifs éducatifs

Au risque de me répéter, j'insiste sur le fait que je suis persuadée que l'immense majorité des parents agit en pensant bien faire.

---

31 Je reprends ici le très beau slogan de l'association SEVE, Savoir être et vivre ensemble, que j'ai eu l'occasion enthousiasmante de co-fonder avec Frédéric Lenoir, Martine Roussel-Adam et Liliana Lindenberg : https ://asso.seve.org/

Mais il est très intéressant d'interroger les parents sur ce qu'ils souhaitent pour leur enfant lorsqu'il sera adulte. La plupart répondent qu'ils souhaitent que leur enfant soit épanoui, heureux, trouve sa voie. L'éducation des tout-petits a bien évolué en positif grâce aux nombreux messages, livres, informations sur l'éducation positive, fondés sur les découvertes scientifiques.

Mais ici, je dois attirer l'attention sur le moment clé où l'enfant rentre à l'école. À partir de là, bien des parents se mettent à imaginer que le bonheur futur de leur enfant dépend de ses résultats scolaires au présent ! Quand on interroge les mêmes parents sur ce qui les préoccupe au quotidien, on obtient des réponses qui ne montrent pas vraiment la cohérence des choix éducatifs et des méthodes qu'ils emploient. Nombreux répondent que leur principale préoccupation, c'est l'école ! Ce sont les notes, le comportement, à l'école et à la maison. C'est souvent les fréquentations, les jeux vidéo. C'est aussi la peur qu'il se mette en danger en adoptant des comportements alimentaires inadéquats ou en consommant des produits dangereux. On guette les éventuelles bêtises et on essaie de les éviter à grands coups de sermons, de moralisation et, éventuellement, de toutes sortes de punitions ou de menaces. L'efficacité étant rarement au rendez-vous, on crie plus fort, on s'offusque plus fort, on punit plus fort… et on ne comprend pas que, en faisant toujours plus de la même chose, on n'arrive pas à obtenir la confiance ni l'obéissance de l'enfant ou de l'ado. On fait comme si la confiance était due par nature, parce qu'on est le parent et que l'enfant devrait tout de même bien comprendre qu'on déploie tous ces efforts pour lui.

Eh bien non, il ne le comprend pas du tout ! Exaspéré par ce dont il ne comprend absolument pas la cohérence ou l'utilité, il a la sensation de ne pas être compris. Et il rentre en rébellion. Ou alors, il essaie de se plier à une discipline dont il ne comprend pas le sens, dans l'espoir d'obtenir l'amour et l'approbation de ses parents… ou des adultes… ou, plus tard, de tous ceux dont il souhaite se faire aimer et accepter. Il devient dépendant.

Alors comment faire pour éduquer un enfant ou un adolescent sans le laisser se mettre en danger ou adopter un comportement asocial, lorsqu'il a, justement, ce comportement ? Autrement dit, lorsqu'il a fait une bêtise que nous aurions envie de punir pour corriger l'erreur ? Et c'est justement l'erreur qu'il s'agit de corriger, pas l'enfant ! Et ça change tout !

En fin de compte, vers quoi l'adulte doit-il accompagner un petit humain ?

La confiance en lui

Nous avons sans doute tous fait l'expérience d'avoir ressenti, un jour ou l'autre, dans un domaine ou dans un autre, que nous étions vraiment adaptés à la situation, que notre place était juste, que tout était naturel et fluide, que nous n'avions rien à prouver à personne. Loin de toute idée de domination, la confiance en soi permet d'être serein, de vivre cette « force tranquille » qui évite conflits, rivalités d'ego ou luttes de pouvoir. Y a-t-il plus joli cadeau à offrir à un jeune humain ?

Loin de créer des enfants-rois qui deviendraient des adultes insupportables, une éducation bienveillante et non punitive permet à l'enfant de développer ses capacités au mieux et de connaître ses propres limites, sans honte ni jalousie pour ce qu'il n'est pas. Au lieu d'être dans la compétition et la rivalité avec les autres, pour tenter de leur ressembler ou dans un sentiment d'insuffisance s'il ne correspond pas aux critères édictés par les modes et les courants d'influence, il pourra, en conscience et en confiance, devenir le meilleur de lui-même, se dépasser sans vouloir dépasser les autres… Bien vivre avec les autres suppose déjà de bien vivre avec soi-même !

La confiance en la vie

Il arrive dans la vie des moments heureux et des moments difficiles. Apprendre au jeune humain à profiter pleinement des uns et à affronter courageusement les autres est un enjeu majeur. La vie se renouvelle, comme les saisons, comme les plantes pour lesquelles les moments de germination permettent l'éclosion future. Ne jamais tomber dans la désespérance, connaître le prix de la patience et le goût du moment de grâce enfin atteint, voilà encore, vous en conviendrez certainement, un bel enjeu.

Lorsqu'il se heurte à des difficultés, à des échecs, rien ne sert de le punir ou de le gronder. Au contraire, apprenons-lui que cette occasion lui permet de comprendre qu'on a toujours une autre chance, même si la vie nous fait affronter des moments durs, voire très durs… Accueillons les immenses chagrins adolescents sans les relativiser. Il faut qu'ils puissent venir déverser leur désespoir, leur sentiment de « no future » dans vos oreilles, votre cœur et vos bras. Mais ils ne le feront pas s'ils savent à l'avance que vous les accueillerez avec une petite phrase telle que : « Je te l'avais bien dit ! » ou encore : « Tu as tout pour être heureux, on ne va pas en faire une histoire ! »

La confiance en l'autre

La vie humaine est relationnelle. L'être humain est un animal social. Comment entrer sainement en relation si on a un *a priori* négatif, un *a priori* de méfiance ? Pour qu'il puisse aller au-devant de l'Autre, sans crainte mais sans se mettre en danger, il faudra lui apprendre à ressentir, à écouter une petite voix intérieure qui, au fond, sait bien qui est fiable ou pas. Au lieu de lui apprendre à obéir pour faire plaisir ou pour ne pas être puni, habituons-le à réfléchir non seulement avec sa tête mais aussi avec ce qu'il ressent. Nous l'aiderons ainsi à établir des connexions entre l'instinct (qu'il ne faut jamais négliger) et la réflexion (qu'il ne faut non plus jamais négliger). C'est en faisant discuter ensemble ces deux instances que nous l'aiderons au mieux pour sa future vie relationnelle. Nous l'aiderons ainsi à ne pas mélanger devoir social (respect, accomplissement de certaines tâches ingrates) et liens affectifs.

Le développement de ses compétences

Chacun a des talents, tout plein de talents. Mais nous n'avons pas tous les mêmes. Si j'essaye d'apprendre à un éléphant à voler ou à un chien à monter aux arbres, si j'estime qu'un renard est incompétent parce qu'il est incapable de déraciner un arbuste, je mettrai tout le monde en difficulté et j'empêcherai chacun de devenir meilleur dans sa propre compétence. Les comparaisons (à partir de quelle norme ?) peuvent éteindre bien des lumières. Notre rôle ne serait-il pas, plutôt, de repérer en chaque enfant quels sont ses possibles et de l'encourager à les développer ? Je ne veux pas dire de l'encourager à faire juste ce qui lui plaît... mais bien ce pour quoi il a du talent. Dans ce domaine, dans lequel il se sentira à l'aise pour progresser, on pourra lui demander des efforts car il sentira bien qu'il peut y arriver et en éprouver joie et fierté.

Le savoir-vivre en société

Il y a l'individu, il y a la relation duelle et il y a la société. Comment lui donner les codes qui lui permettront de comprendre le fonctionnement d'un groupe ? Comment lui faire découvrir la joie de s'enrichir des partages qu'il pourra vivre avec d'autres, avec tous les autres, et pas seulement avec d'autres qui lui ressemblent, pour conserver un esprit ouvert et curieux et découvrir la richesse de l'altérité ? On lui apprendra le vivre-ensemble en le pratiquant soi-même et en lui en montrant la richesse. On témoignera de tout ce que nous avons appris en fréquentant des personnes qui ne nous ressemblent pas et comment le dédain, le mépris, l'exclusion, la compétition pour prouver qu'on est meilleur que l'autre nous isolent. Développons sa curiosité et l'idée même des rencontres enrichissantes en lui posant des questions sur les qualités qu'il peut repérer chez le dernier de la classe, comme chez le premier.

Savoir s'exprimer de manière socialement acceptable

Notre petit humain, puis notre ado-humain, on l'a vu, n'a pas encore la maturité pour pouvoir gérer ses émotions. Il est démuni face à des flots d'émotions qui l'envahissent. Il aura donc un comportement, parfois, tout à fait inadapté à la vie en société et c'est normal, puisqu'il n'est pas encore un adulte. Notre rôle sera alors de lui donner un mode d'emploi, par exemple de sa colère ou de sa peur, mais pas de lui interdire de ressentir cette colère ou cette peur. On devra bien entendu lui interdire de frapper son petit frère ou sa petite sœur qui vient lui prendre ses jouets, mais on ne devra pas lui interdire d'être en colère, comme il ne faudrait pas que qui que ce soit vienne nous moraliser quand nous sommes en colère parce que quelqu'un nous a pris, par exemple, la place que nous convoitions pour garer notre voiture. Il faudra alors lui montrer comment faire avec sa légitime colère, comment la dire, sans violence. Lui apprendre à dire au lieu d'interdire !

Savoir aimer et, sans doute un jour, vivre en couple

Aimer est l'aventure dans laquelle se jettent bien des êtres de manière totalement inconsidérée. Confondant coup de foudre et amour, notre jeune humain peut vivre bien des déboires. L'attirance est, certes, importante mais est-elle suffisante ? Si un enfant ou un ado a été aimé inconditionnellement, il saura repérer si on lui demande, pour lui accorder de l'amour, des sacrifices, des expériences qui ne le respectent pas et dans lesquelles il sait bien qu'il achète l'amour sans se respecter vraiment.

Vivre dans la joie

Pourquoi compliquer la vie avec des broutilles ? Pourquoi vivre en fonction du manque plutôt que de profiter de tout ce qui est à portée de notre main ? Quel exemple, quel message, donnons-nous à nos jeunes ? Faut-il vivre dans la convoitise et la course vers toujours plus d'avoir ? Ou peut-on donner l'exemple de la satisfaction et de la joie de vivre des moments simples, doux même s'ils ne sont pas intenses, heureux même s'ils ne sont pas onéreux ? Doit-on sans cesse critiquer l'autre parce qu'il ne correspond pas, point par point, à nos illusions ou envies ? Ou peut-on vivre de la joie parce que nous avons suffisamment de points communs ? Attention, il ne s'agit pas de confondre avec de la résignation ou du sacrifice. L'idée serait plutôt d'orienter notre regard vers ce dont on peut vraiment se réjouir.

Affronter les difficultés

Nous affrontons, au cours de notre vie, bien des difficultés. Nous ne pouvons pas les éviter mais nous pouvons éviter d'y demeurer. Nous pouvons dépasser et poursuivre notre chemin en conservant confiance et capacité de joie. Lorsque notre petit humain découvre ses premières déconvenues (souvent à l'école), il s'agit de ne pas dédramatiser car, sur le moment, c'est vraiment difficile pour lui, mais sans dramatiser non plus, au risque de lui faire croire que la vie serait injuste envers lui. On accueillera donc ses déceptions, ses difficultés, avec empathie et respect mais on restera positif et on témoignera que l'expérience apprend toujours quelque chose d'important. L'analyse de cette difficulté et l'étude des moyens d'en sortir lui serviront dans sa vie.

Devenir responsable

Prendre des décisions sera le lot presque quotidien de l'adulte qu'il va devenir. Deux obstacles pourront empêcher que tout se passe bien : si on le charge de trop de responsabilités ou si on ne lui en laisse prendre aucune. La première option le conduira aux échecs et à la perte de confiance, la seconde ne le préparera pas à construire une stratégie réfléchie. Au contraire, il sera intéressant de le préparer à réfléchir avant d'agir et pour cela, il ne suffira pas de le lui dire, mais il faudra l'y entraîner. Plus il est jeune, moins il peut se poser de questions et, même à l'adolescence, ce sera encore fragile. Il appartiendra donc aux adultes de lui poser de bonnes questions pour que ses choix soient réfléchis, pour l'habituer à faire le tour du problème méthodologiquement et, ainsi, éviter que l'impulsivité, bien naturelle à l'adolescence, demeure chez l'adulte qu'il est en devenir.

Assumer les conséquences de ses choix

Pourtant, comme cela nous arrive à nous aussi, il lui arrivera de se tromper. Ce sera le moment de comprendre les erreurs commises pour pouvoir progresser. Plus que jamais, la maxime de Nelson Mandela est vraie : « Je ne perds jamais. Soit je gagne, soit j'apprends. » On apprend parce que la mauvaise décision se heurte à la réalité et entraîne une sanction automatique, l'échec, qu'il faudra accepter pour pouvoir le dépasser et se renouveler. Accuser les autres, les circonstances ou la malchance, prendre le ciel à témoin, tout ça ne nous fait pas avancer. Au contraire, ce qui permet d'avancer, c'est d'assumer et de comprendre nos erreurs, de pouvoir les analyser sereinement, sans culpabilité et sans rejeter la faute ailleurs.

Se respecter

Nous attendons souvent des autres qu'ils nous respectent mais il me semble que cette approche est erronée. Nous sommes responsables du respect de nous-mêmes. Cela nous entraîne à nous poser des questions, par exemple : comment je me comporte ? Comment je me nourris ? Comment je m'habille ? Comment je prends soin de moi ? Pourquoi j'accepte de subir des situations qui me font souffrir ? Alors, au lieu de monter sur le ring pour un match de boxe contre « l'ennemi », je m'éloigne des situations ou des personnes qui me polluent. Dans son célèbre ouvrage, *Éloge de la fuite*, Henri Laborit a montré la pertinence de cette attitude. Mais comment apprendre le respect de soi-même si le message donné à l'enfant a été : « Respecte les gens, respecte-moi ! » Et pas aussi : « Tu es respectable ! N'oublie jamais de te respecter ! »

Réflexion sur le détachement sécure

Tout ce qui précède résume la notion de détachement sécure que j'ai développée dans mon précédent ouvrage[32]. Après avoir représenté pour le tout-petit le nid dans lequel il trouvait tout ce dont il avait besoin et dans lequel il ne ressentait aucun danger, il s'agit de lui offrir un passeport pour la vie, afin qu'il puisse s'envoler vers ses aventures avec suffisamment d'outils pour ne pas tomber dans les premiers pièges venus.

---

32 *Apprenez-leur la liberté, Op. cit.*

Abdennour Bidar propose une voie pour grandir en humanité : penser juste et agir juste, afin que la vie ait un sens, afin de ne pas gaspiller sa vie dans des futilités, afin de ne pas vivre en vain...[33]

Comment éviter de punir sans renoncer à éduquer ?

Voyons ici quelques propositions pour éviter de punir tout en restant un adulte solide. Nous commencerons par définir l'attitude générale, puis nous entrerons dans des propositions pratiques avant d'illustrer par quelques cas concrets ce à quoi peut ressembler une éducation bienveillante et structurante.

L'attitude de l'adulte

- Être adulte, justement. Ne pas jouer au copain ni au grand frère. C'est la condition indispensable pour que l'ado nous prenne au sérieux. Il faut voir les yeux levés au ciel d'une adolescente qui parle de sa mère qui veut s'habiller comme elle, par exemple. Jouer au copain, c'est faire comme si notre cortex, comme le sien, n'était pas encore vraiment mature. C'est se laisser aller à des comportements primesautiers ou, sans transition, énervés et impérieux. Chez l'ado, c'est de son âge, chez l'adulte, c'est déplacé...
- Être intense. C'est affirmer une force tranquille, mais non dénuée de puissance, de confiance en soi. C'est le contraire de l'indifférence. Être intense, c'est s'engager dans la relation, ne pas l'éviter, quoi qu'il arrive, ne pas abandonner.
- Être calme. Ne pas jouer à la bagarre avec lui, ni en actes, ni en paroles. Ne pas essayer de crier plus fort. Sachez qu'un ado qui

33 Conférence déjà citée plus haut.

voit son parent s'énerver, casser des objets, éprouve un mélange de pitié et d'une sorte de mépris. L'ado ne voit là en aucun cas de la force, mais, bien au contraire, un aveu de faiblesse.

- Être sincère. Ne jamais tricher. Un adulte capable de parler calmement mais justement des émotions qui l'habitent entraînera le respect de son enfant. Je dis bien « parler de ses émotions » au lieu de les lui jeter dessus, sous l'emprise de ces mêmes émotions.

Cela signifie-t-il que l'on vous suggère de devenir un maître zen ? Non, puisque, justement, on vous propose de parler de vos émotions, y compris de votre peur ou de votre colère. Mais il s'agit d'apprendre à parler **devant** lui et pas **sur** lui. De lui dire, par exemple, clairement : « J'ai peur pour toi », au lieu de ruser et d'user de stratagèmes pour lui éviter des pièges ou de vouloir lui coller nos angoisses. De lui dire, par exemple : « Je suis en colère **pour** toi (pas **contre** toi) quand je te vois gâcher ta vie » et pas de lui crier dessus sous le coup de la colère.

Ce dernier paragraphe est très très important ! Je vous propose de le relire, de l'intégrer, d'y réfléchir…

Propositions pratiques pour éviter les difficultés

- **Anticiper, établir des règles claires**

Exactement comme dans tout fonctionnement d'un groupe humain, par exemple une équipe de travail ou de sport, chacun doit savoir :

- pourquoi on a besoin d'organisation ;
- comment on s'organise, quelle est la structure ;
- quel rôle est le nôtre.

Notre petit humain étant un humain, il a besoin de tout cela mais, étant donné son immaturité, il aura besoin avant tout du point n° 1 : comprendre pourquoi. Or, c'est souvent ce point qui est négligé. On impose des règles, on les pose, mais l'enfant n'y voit aucune nécessité. Il est incapable d'en comprendre le sens. Il a juste envie. Envie de jouer, envie de rêver, envie de dormir, envie, envie, envie... Donc, tout ce qui vient s'opposer à la réalisation de ses désirs immédiats lui donne l'impression qu'on veut l'embêter. Et les explications ne le convainquent pas. Pour comprendre, il faut qu'il se trouve en situation. Voici deux exemples.

Exemple 1 : le réveil le matin

Tom, 15 ans, doit prendre le bus chaque matin pour aller au collège. Son père vient le réveiller et, chaque matin, Tom se rendort. Alors, son père revient le réveiller, une fois, deux fois, trois fois... Le temps passe. Ils ont beau être vraiment bienveillants, les parents stressent, s'énervent. Tom finit par se lever, avale un petit déjeuner rapide et part. Il a été en retard deux fois dans le mois et n'a été accepté qu'au cours suivant. Lorsque Tom me parle, il me dit être très gêné par la situation mais il n'y arrive pas. Il apprécie beaucoup la gentillesse de ses parents et la douceur du réveil de son père.

Je propose alors qu'on change la méthodologie. Après discussion, voici ce à quoi nous sommes arrivés. Puisque Tom a besoin de se rendormir un petit moment, son père passera le réveiller tranquillement 10 minutes avant l'heure nécessaire et installera une minuterie sur son téléphone, posé sur la table de nuit. Mais ensuite, personne ne prendra plus la responsabilité de le réveiller. Il est d'accord car il se fait houspiller très régulièrement et cela lui est très désagréable.

Quelques semaines plus tard, la maman me téléphone et me raconte comment, la première fois, elle a eu du mal à tenir bon, elle avait préparé le petit déjeuner et elle regardait l'heure qui avançait, qui avançait. Tout à coup, son fils est passé « comme une fusée ». Il avait gardé l'habitude de ce qui se passait avant et n'avait pas encore vraiment compris la nécessité de prendre ses responsabilités. Ensuite, il a amélioré le processus, s'est mieux organisé et n'a plus été en retard, au grand soulagement de tout le monde.

Exemple 2 : la classe alternative

Dans cette école alternative, les enfants sont complètement libres de suivre ou pas les cours proposés. Donc si certains ont très envie d'apprendre, d'autres ont plutôt envie de jouer. Ils perturbent les cours. Les jeunes écoliers, au cours d'une réunion, parlent de cette difficulté et l'enseignant, bien entendu, l'a remarqué mais n'est pas intervenu. Il demande alors au groupe comment on peut s'organiser. Les enfants parlent alors, d'eux-mêmes, de faire des règles. Oui ! Comment ? En échangeant, ils arrivent à un accord, par eux-mêmes : ceux qui veulent suivre le cours (ce sont leurs mots) doivent pouvoir le faire, donc ne pas être gênés par le bruit que pourraient faire les autres. Ils demandent donc à ceux qui veulent se reposer ou jouer s'ils sont d'accord pour le faire sans bruit et sans déranger. Tout le monde se met d'accord et, désormais, si un « joueur » fait du bruit, les autres lui demandent gentiment de les laisser écouter. Chacun a appris un peu d'empathie et à respecter les besoins de l'autre.

Ce que je veux montrer à travers ces deux exemples, c'est que le jeune humain est tout à fait capable de comprendre la nécessité de règles quand il se trouve confronté à un problème à résoudre. Et pas quand on lui serine qu'il faut des règles, qu'il faut participer, qu'il faut être sage, qu'il faut qu'il se prenne en charge, qu'il faut qu'il aide et qu'on le réprimande ou qu'on le punit s'il n'obtempère pas.

La frustration fait partie inhérente des moments de la vie de tout être humain parce que la présence des autres limite notre liberté ou l'absolu fantasmé de notre désir de liberté. Ceci est une affaire entendue. Tout adulte a bien appris, par l'expérience, que, pour vivre avec d'autres humains, il doit s'adapter, il doit en tenir compte. Mais le petit humain n'en a que faire… Il ne connaît pas cette théorie, il n'a pas encore d'expérience et il agit encore comme un petit animal, en toute spontanéité et innocence, puisque ses facultés intellectuelles et émotionnelles ne lui laissent pas d'autres possibilités. On a souvent entendu qu'il fallait frustrer les enfants pour leur apprendre la frustration et cela a donné, à mon sens, des résultats catastrophiques selon la manière dont cela a été entendu. Maintenant, des voix s'élèvent pour dire qu'il ne faut surtout pas frustrer les enfants et je pense que les résultats peuvent se révéler tout aussi catastrophiques selon la manière dont on l'entendra. Alors, voici une précision que je pense essentielle par rapport à la frustration :

Pas de sacrifice pour éviter à son enfant toute contrariété !

Pas de volonté de le contrarier pour lui apprendre la vie !

Au contraire, apprendre le vivre-ensemble, c'est lui expliquer, lui faire découvrir, petit à petit, toute la richesse et tous les enjeux du vivre-ensemble. On attend souvent que le petit humain se comporte comme s'il était déjà un adulte, juste en miniature ! Cela se complique encore plus à l'adolescence, puisque sa taille commence à le faire ressembler à un adulte. Pourtant, il n'est pas encore de taille à réguler ses émotions.

Imaginons que nous soyons tout à coup transportés dans un pays dont nous ne connaissons ni la langue ni les coutumes. Il nous faudrait du temps pour apprendre. Nous ne serions pas en état de comprendre pourquoi on nous punirait de contrevenir aux mœurs de ce pays. Nous trouverions cruel qu'on nous inflige des punitions alors que nous n'avions pas l'intention de faire du mal mais que, simplement, nous n'étions pas encore vraiment conscients de tout… Les habitants de ce pays ne devraient pas renoncer à leurs coutumes, mais ils ne devraient pas nous juger pour nos manquements… Juste nous expliquer leurs « règles du jeu », dont certaines frustreraient nos propres habitudes ou besoins mais qui nous apporteraient la richesse de la découverte de l'altérité. Les adultes imaginent trop souvent que le jeune a l'intention de contrevenir ou de contrarier. Or, il ne considère pas spontanément l'adulte comme un adversaire… Il s'en méfie et se braque en réaction aux brimades et punitions qu'il subit. Il fait exactement comme les adultes ! Une amie me disait aujourd'hui même qu'elle ne racontait plus à son mari des anecdotes concernant ses activités, qu'il critique systématiquement. Si on comprend facilement cela à propos des adultes, pourquoi ne le comprend-on pas quand il s'agit des enfants ?

Au fait… et si nous acceptions nous aussi l'altérité que nous offrent nos enfants ? Et si nous acceptions la frustration de n'avoir pas l'enfant de nos rêves et de nos illusions mais cet enfant-là, avec toutes ses immenses richesses vierges… Et si nous n'avions pas sur lui un regard de « colonisateur », mais plutôt de découvreur ?

- **Faites appel, en toutes circonstances, à son « GBS »**

C'est-à-dire, son Gros Bon Sens ! En dehors de toutes les recommandations des uns et des autres, retrouvez cette nature profonde qui, bien avant les normes et injonctions, vous indique dans chaque circonstance, ce qui est essentiel et ce qui ne l'est pas.

Prenez le temps de faire des pauses, de sortir du cercle infernal des occupations. Prenez quelques minutes, juste quatre ou cinq minutes de temps en temps, tranquille, fermez les yeux, respirez en vous sentant respirer et posez-vous ce genre de questions :

– En réalité, pourquoi est-ce qu'il s'énerve comme ça ?

– En réalité, pourquoi est-ce que je m'énerve comme ça ?

– De quoi j'ai besoin ?

– Et si je changeais quelque chose, un tout petit quelque chose, ça pourrait être quoi ?

Essayez, essayez vraiment... Vous risquez d'être surpris du résultat !

- **Conservez l'*a priori* positif inconditionnel vis-à-vis de votre enfant ou de votre adolescent.**

Il est comme nous tous, il fait ce qu'il peut, ce qu'il croit... Il essaye de grandir comme il peut, il essaye d'être heureux... Et, comme nous tous, il se trompe parfois ! Peut-être plus souvent qu'un adulte, mais c'est bien normal puisqu'il a moins de moyens que nous. Pourtant, il faudra ne jamais douter de ses intentions positives. S'il manipule, c'est sans malice. Il essaye d'obtenir, il essaye d'éviter les ennuis (tout comme nous mais avec moins de moyens et moins de moyens d'évaluation des conséquences de ses actes). Ensuite, quand il a compris ce qu'il risque, il invente des stratégies d'évitement... Ce que l'on peut comprendre ! Mais la perversité n'existe pas chez l'enfant ni chez l'ado. C'est un ADO-rable ! Il ne déclare jamais la première guerre. Mais comme il a de l'inventivité et moins d'armes lourdes, il devient un résistant efficace et pratique l'art de la guérilla avec jubilation.

- **Pratiquez l'écoute active et la communication sans violence.**

Avant de faire passer un message, essayez vraiment de comprendre ce que votre enfant ou votre ado veut vous faire comprendre. Au besoin, posez-lui cette question et écoutez la réponse attentivement ! « Que voudrais-tu que je comprenne ? » Quand il vous parle d'un projet qui vous semble absurde ou dangereux, n'essayez pas de ridiculiser son idée. Face à une contradiction de principe, il pourra s'ancrer, par principe, dans cette idée fantasmatique. Au contraire, essayez de comprendre ce qui l'intéresse dans ce projet, en quoi il serait important pour lui. Il ne s'agit pas de lui dire qu'il y arrivera, mais juste de s'intéresser à son idée. Nous avons sans doute tous eu, un jour ou l'autre, une idée ou une envie farfelue (nous en avons peut-être bien encore dans un coin de notre imagination...). Si nous en parlons à un ami en confiance, nous attendons que, sans nous encourager dans ce projet, il puisse juste s'y intéresser. Qu'il s'étonne peut-être ? Qu'il nous demande comment nous imaginons pouvoir y arriver ? Mais surtout, nous n'aimerions pas qu'il lève les yeux au ciel comme si nous étions vraiment absurdes... L'ado aussi et il aura bien le temps de changer d'avis, de rêve. Ne l'empêchons surtout pas de rêver, c'est sa nature. S'il a suffisamment confiance en nous pour nous confier ses rêves, c'est sans doute qu'il attend d'en discuter sereinement avec nous.

L'histoire de Gabriel

Gabriel, 15 ans, est dégoûté par le collège. Il comprend vite, très vite, et a l'impression de perdre son temps. Certaines matières ne l'intéressent pas du tout, il se sent contraint de travailler de façon absurde. Il s'ennuie et trouve un centre d'intérêt dans l'achat et la revente de chaussures de sport sur internet. Il dit qu'il veut en faire son métier. Il évoque régulièrement ce projet, il dit qu'il ne veut pas faire d'études, vise un bac pro pour se débarrasser le plus vite possible de ce qui lui est bien pénible. Sans l'encourager particulièrement, ses parents s'intéressent à ce centre d'intérêt et sont heureux avec lui quand il réussit un bon coup ! Malgré tout, on lui signifie qu'il est jeune, que toute une vie à vendre des chaussures de sport, ça peut être long... qu'on peut toujours choisir quand on a un choix large... Six mois plus tard, il rencontre un jeune diplômé dans une filière très spécialisée qui le passionne : la collection/réparation de voitures anciennes ! Il sait désormais pourquoi il va au collège ! La suite de l'histoire reste à écrire. Deviendra-t-il mécanicien ? Ingénieur en mécanique ? Ou encore tout autre chose ? En tout cas, il a repris le collège avec conviction et a décidé d'entrer en seconde générale. Personne ne s'est énervé, personne ne s'est crispé. On l'a écouté et on lui a ouvert des portes. On lui a fait confiance.

- **Introduction à la logique formelle**

Voilà un bien grand mot (emprunté au domaine mathématique) pour désigner un concept somme toute assez simple : une proposition ne peut être à la fois vraie et fausse ! Une vérité n'est pas une opinion et elle ne peut donc pas être contredite. Or, souvent, il nous arrive de faire des raccourcis hasardeux, voire des affirmations absurdes, parce que nous confondons nos croyances avec la réalité.

Nous pouvons toujours questionner nos certitudes, à l'aide d'interrogations toutes simples : « Est-ce que c'est toujours comme ça ? Si quelqu'un pensait différemment, est-ce qu'il se tromperait forcément ? Quels pourraient être ses arguments ? »

Sans cette précaution de pensée, on peut être amené à embrasser des idées complotistes, à être manipulé par les discours publicitaires et consuméristes, à suivre des gourous sans remettre en cause leurs « enseignements ».

Il me paraît judicieux d'entraîner très tôt les enfants à la pensée logique qui permet de conserver bon sens et liberté de pensée. Lorsqu'un enfant affirme une opinion comme un savoir, on peut lui poser les questions ci-dessus mais aussi, par exemple : « À ton avis, est-ce que tous tes copains pensent comme toi ? Tous ? Pourquoi ? »

Apprendre à penser par soi-même, apprendre la liberté de pensée, voilà une mission importante pour les adultes. Si on admet la pensée complexe, si on admet que l'autre n'est pas un imbécile parce qu'il pense différemment, on ouvre la possibilité à l'enfant de penser par lui-même.

- **Lui apprendre l'empathie**

Voilà encore quelque chose qui pourra lui rendre de nombreux services, car il pourra se décentrer de sa vision des choses pour tenter de comprendre le ressenti d'autrui. Cette qualité facilitera grandement ses relations. Au lieu de nier le ressenti de l'autre, il pourra comprendre que chaque individu « a ses bonnes raisons de penser ce qu'il pense, de dire ce qu'il dit, de faire ce qu'il fait » (selon Daniel Favre)… même si ces « bonnes raisons » sont complètement irrationnelles. Comprendre ne veut pas dire adhérer, ni approuver, mais cela lui évitera bien des conflits… La sensibilité de l'un n'est pas la même que la sensibilité de l'autre et génère des attitudes bien différentes par exemple face à la même épreuve. L'un peut ne pas accorder d'importance à un fait qui plongerait l'autre dans un trouble profond.

Quand on constatera, à ses côtés, une attitude surprenante chez l'un de ses camarades ou connaissances, on pourra l'aider à s'interroger sur le pourquoi de cette attitude. Si Sam a voulu se battre avec Louis, à ton avis, pourquoi ? Bien sûr, on n'approuve pas la violence, mais on peut comprendre que Sam s'est senti insulté, et profiter de la circonstance pour faire grandir les deux protagonistes, en leur proposant d'autres manières de régler leur différend.

- **Lui apprendre à dire « bonjour, s'il te plaît, merci »**

Bien entendu, on ne renonce pas à lui enseigner la politesse ! Mais comment ? Faudrait-il la lui faire rentrer dans le crâne, à grands coups de reproches, « T'es pas beau, pas gentil… », de chantage, « Tu auras le jouet quand tu auras dit le mot magique », de menace, « Je ne t'aime plus si… » ? Alors qu'il est si simple de lui apprendre à dire « bonjour, s'il te plaît, merci », en lui disant « bonjour, s'il te plaît, merci ». On sait en effet que le petit humain apprend avant tout par imitation, bien plus que par injonction.

On pourra ajouter que cela lui facilitera la vie, car ce sont des codes sociaux, des habitudes. On pourra lui expliquer à quoi servent les règles de politesse et comment elles lui seront bénéfiques au lieu d'exiger qu'il réponde comme un automate, sans en comprendre le sens. On pourra aussi lui faire remarquer qu'il apprécie sans doute qu'on le remercie pour un effort qu'il fait, qu'on lui demande s'il lui plaît de donner ou prêter quelque chose, qu'on lui souhaite la bienvenue ou le bonjour… et que c'est probablement pareil pour tous.

- **Lui apprendre la responsabilité**

Lui apprendre à assumer la responsabilité de ses choix et les conséquences de ses actes, c'est lui rendre pour sa vie un vrai service. Il aura ainsi l'idée de réfléchir avant d'agir, d'être plus vigilant. Il y a une différence essentielle entre le punir pour le désagrément qu'il vous a causé et l'inviter à ramasser ce qu'il a fait tomber, à l'habituer à ranger ce qu'il a utilisé, à ne pas remplacer immédiatement l'objet qu'il aurait perdu, à ne pas faire à sa place (parce que ça va plus vite !). Il vaut mieux donner de bonnes habitudes avec le sourire que s'exaspérer parce qu'il ne fait pas ce qu'on lui a évité auparavant. L'enfant s'habitue très facilement à des rituels qui le sécurisent : quand on va prendre le bain, déjà tout-petit, on pose ses vêtements sales dans le panier à linge directement, au début ensemble, avec le sourire, comme un jeu…

… et si on n'a pas donné ces bonnes habitudes ? Je propose alors qu'on reparte de la situation présente, qu'on explique, actuellement et sans reproche, les choses et qu'on lui demande comment on pourrait s'organiser, puisqu'il est grand maintenant. On sollicite sa réflexion et on fait confiance à sa bonne volonté. (Je détaille ci-après la méthodologie.)

Lorsqu'un incident s'est produit et que nous aurions bien envie de punir

Avant toute chose, je tiens à préciser que ce que je vais proposer peut paraître un peu irréaliste. Je comprends bien que, pris depuis parfois des années dans un système de pensée et d'action, on n'envisage même pas la possibilité de faire autrement, avec sincérité, avec une réelle bonne intention. Je propose tout de même d'essayer. Parfois, j'entends des adultes me dire que, bien sûr, ils y ont déjà pensé, ils ont déjà essayé… mais, quand on en parle plus précisément, on constate ensemble qu'un ingrédient au moins manquait dans la recette. Ainsi, si le pain n'a pas levé, c'est peut-être qu'on n'a juste pas mis la bonne dose de levure ou d'eau ? Ensuite dans ma proposition, il y a, avant tout, la persévérance ! Si ça ne marche pas la première fois, n'abandonnez pas pour autant… conservez confiance, calme et sourire. Votre jeune humain peut être décontenancé, peut se demander ce qui se passe, ne plus savoir jouer avec ces nouvelles règles du jeu auxquelles il n'est pas habitué.

Je voudrais ici faire référence à l'expérience menée par Barbara Martin, principale d'un important groupe scolaire dans un quartier difficile[34]. Elle a décidé, avec toute son équipe pédagogique, de changer les choses puisque, à l'évidence, le système des heures de colle ne ramenait pas le calme ni une ambiance de travail au sein de l'établissement. Elle l'a aussi annoncé aux parents afin qu'ils puissent être partenaires de l'expérience. On a annoncé que ce lycée serait un lycée sans punition. Quand un élève se conduisait mal, on parlait avec lui, on cherchait comment faire. Peu à peu, tout a changé. Les jeunes se sentaient respectés et soutenus pour construire leur vie (pas soutenus dans leurs attitudes inconvenantes que les adultes condamnaient toujours fermement). Ils se sont mis à mieux comprendre, ils se sont mis à faire confiance, ils se sont mis à respecter ces adultes qui n'essayaient plus de les faire plier mais de les faire grandir. Les débuts n'ont pas été simples, mais ça a marché. Les heures allouées à faire « garde-chiourme » ont été utilisées pour écouter et dialoguer, en face-à-face ou en groupe. Dans cette ambiance de travail dont on avait restauré la bonne santé, les élèves ont considérablement progressé et, aujourd'hui, Barbara Martin est chargée de mission auprès du ministère de l'Éducation nationale et de la Jeunesse.

Évidemment, cela demande l'engagement passionné et consensuel de toute une équipe pédagogique. Mais juste pour son enfant, juste dans la relation à un jeune humain, on peut garder

34 Barbara Martin, *La Méthode Barbara*, Fayard, 2022. Barbara Martin y raconte son expérience dans un lycée de Nanterre.

l'esprit de cette méthode... On peut aussi imaginer les bénéfices secondaires pour les enseignants, ayant enfin renoué avec le cœur de leur métier : le plaisir d'enseigner. Et s'ils sont fatigués, c'est parce qu'ils ont, avec conviction, mis beaucoup d'énergie dans leur travail et pas parce qu'ils ont passé leur journée à devoir se battre pour dompter une meute de jeunes déchaînés.

Les propositions ci-dessous présentent une trame d'entretien. Je parle bien d'entretien. Comme pour un entretien professionnel, on n'échange pas quelques mots entre deux portes ou au cours du repas. On se donne rendez-vous et on se rend complètement disponible.

Entretien

1. Au début de l'entretien, on annonce qu'on va changer de méthode.

En effet, si votre jeune humain est habitué à un système de reproches et de punitions, il ne suffit pas de changer, sinon, il ne comprendrait pas ce qui se passe et pourrait croire que, désormais, tout va lui être permis !

Je vous propose de prendre avec le jeune un temps spécial, par exemple l'amener en tête à tête manger un hamburger quelque part. Et on discute, en appliquant les recommandations de la communication sans violence.

2. On pose le problème (sans reproche).

On fait un constat : « Le climat n'est pas agréable entre nous. Je crie, je punis mais ça ne fonctionne pas. Toi, tu t'exaspères, tu perds confiance en moi. »

3. On exprime le sentiment éprouvé.

« Je suis contrarié(e) (ou triste ou en colère), parce que mon but est de toujours pouvoir t'aider à grandir mais j'ai l'impression aujourd'hui que tu peux te mettre en danger (ou que tu risques de gâcher ta vie ou…). En même temps, je n'ai peut-être pas assez tenu compte du fait que tu es devenu(e) ado et que tu as besoin de plus de liberté. Je reste cependant l'adulte, avec plus d'expérience, plus de réflexion et je souhaite pouvoir t'en faire profiter, sans te contraindre, mais en t'accompagnant. »

4. On fait une proposition constructive dans une zone d'accord prévisible.

« Je te propose qu'on essaie une autre manière. Je te propose de parler au lieu de s'énerver. Je te propose qu'on se dise vraiment de quoi on a besoin l'un(e) et l'autre et qu'on recherche ensemble comment on peut s'organiser pour que ça se passe bien entre nous et que tu restes en sécurité. On va chercher une solution qui nous fasse rire tous les deux. »

5. Maintenant, on va vraiment l'écouter.

Écouter ne veut pas dire accepter ce qu'il demande, mais se montrer attentif à ses points de vue et sentiments, les lui faire développer, écouter ses arguments.

S'il vous dit qu'il ne sait pas, s'il élude, ne vous découragez pas, c'est nouveau pour lui et il n'est pas préparé à cette forme de discussion avec vous. Reposez votre question tranquillement, sans penser qu'il est de mauvaise foi ou qu'il refuse la discussion. « Mais oui, tu vas avoir des idées ! Je sais bien que je te surprends et que tu as peut-être besoin de temps pour réfléchir… mais tu vas trouver des idées, tu vas faire des propositions… Nous allons tous les deux tenir compte de l'autre et trouver ensemble des moyens car, au fond, je suis certain(e) que tu as autant envie que moi de vivre en paix, sans énervement, sans punition, avec le sourire. »

6. **On définit ensemble une durée de quelques jours pour expérimenter ce nouveau dispositif.**

Et on prend un nouveau rendez-vous pour faire le bilan, constater ce qui a fonctionné et chercher de nouvelles propositions pour améliorer encore l'ambiance et les relations.

Bien sûr, j'indique ici une trame d'entretien mais vous le transformerez avec vos mots et votre contexte…

Ensuite, bien entendu, il y aura encore des dérapages car cela n'aura pas l'effet d'une baguette magique ! On pourra alors faire le constat que ce n'est pas facile, mais qu'on ne va pas se décourager pour autant. On recommencera et on y arrivera !

Surtout, ne vous découragez pas si ça ne fonctionne pas tout de suite. Je vous garantis un résultat si vous persistez en souplesse.

En cas de grosse crise

Il faut poser le problème et chercher ensemble comment le dépasser.

Quelques rappels de communication sans violence : le principe est de ne jamais chercher à régler la crise au moment de la crise, chacun étant « hors de lui »… vous-même tout autant que le jeune-ado-humain ! Pour autant, il ne faudra pas laisser l'incident sans suite. Lorsque tout le monde est calmé, on y revient très posément, tranquillement, sans accusation ni menace, mais encore et toujours dans l'idée de chercher des solutions. La trame de l'entretien pourrait alors être :

- « Hier, il s'est passé ceci, ceci, ceci... » : description des faits sans aucun jugement, ni intonation, ni regard courroucé ou accusateur.
- « Nous étions toi et moi, vraiment très énervés et moi j'ai eu très peur pour toi (ou bien j'étais triste ou en colère) parce que je voudrais que tu comprennes une chose importante, parce que je voudrais t'accompagner vers ta vie d'adulte en sécurité. Or, quand tu fais ça, je pense que tu ne te respectes pas, que tu te mets en danger. (Ce danger peut être de ne plus savoir communiquer calmement.) Claquer les portes ou dire des insultes n'aide pas dans la vie ni maintenant, ni pour ta vie d'adulte. »
- « Je t'aime trop pour ne rien dire ni faire. »
- « Il faut trouver une manière de pouvoir continuer à se parler. »
- « Je ne veux pas utiliser ma force ou mon pouvoir pour te contraindre ou te punir, ce serait t'apprendre que le plus fort gagne et je ne souhaite pas te donner ce message. »
- « Quand nous sentons l'un ou l'autre que la pression monte, je te propose que nous fassions (l'un ou l'autre) tel geste (inventez : ça peut être deux doigts croisés, ou une main sur l'épaule ou autre.) : là, ça voudrait dire stop pour le moment. Nous irions respirer un coup et, plus tard, nous reprendrions le sujet calmement, en essayant d'expliquer pourquoi nous ne sommes pas d'accord. Qu'en penses-tu ? »

De même avec un enfant plus jeune, on pourra trouver une autre astuce : déterminer dans la maison le coussin de colère ou un punching-ball (utilisable par tous quand nécessaire) ou l'endroit doux et calme (utilisable aussi par tous quand nécessaire) : un fauteuil ? un tapis ? près d'une plante ? Attention, on ne va pas « au coin pour se calmer ». On va se faire du bien, dans un endroit agréable. J'insiste sur le fait que l'adulte lui aussi utilisera cet endroit de douceur et de sérénité. Cela donnera aussi à vos enfants l'exemple et le message que les émotions sont normales et que nous avons tous des moments où ça voudrait déborder mais qu'il y a un mode d'emploi et des moyens de les exprimer d'une manière « socialement acceptable ».

Que faire en cas d'erreur

Et si, à la lecture de tout cet ouvrage, vous vous dites qu'il y a eu des erreurs, comment faire ?

- Surtout, ne culpabilisez pas ! Vous avez fait de votre mieux, en toute bonne foi. Vous avez pu vous tromper. La culpabilité n'arrangerait vraiment rien, car elle vous ferait perdre votre confiance en vous, ce qui serait dommageable pour vous-même mais aussi pour votre jeune humain qui a besoin de votre solidité sécurisante ! Donc, comment faire ?

- Il sera important d'expliquer à votre enfant ou ado, que vous avez lu un livre tout à fait génial (...) et que vous êtes décidé à tenter une expérience pour changer les choses. Pendant 15 jours, comment on pourrait faire ? Comment on pourrait s'organiser différemment ? Vous proposez de ne plus punir. Vous demandez, bien entendu, à votre enfant ce que lui est prêt à changer pour donner à l'expérience toutes les chances de réussir. Vous annoncez aussi que, désormais, on va ensemble prendre le temps de réfléchir, que, désormais, on va faire beaucoup plus confiance à sa bonne volonté. Vous dites aussi que vous n'abandonnez pas votre rôle de parent, que vous êtes là, que vous êtes solide. Vous expliquez scientifiquement ce qui se passe dans son cerveau. Non seulement il le comprend très bien, mais il sera rassuré car il se rendra compte qu'il n'est pas anormal, insuffisant… qu'il est juste encore immature par impossibilité de faire autrement. Je dis souvent à des ados : « Tu sais que, aujourd'hui, tu ne pourrais pas soulever un poids de 50 kg. Et, si tu essayais, cela risquerait de déformer ta colonne vertébrale. Ton corps n'a pas encore toutes les capacités qu'il aura bientôt, quand tu seras devenu adulte. Ton cerveau aussi va acquérir de nouvelles possibilités et tu pourras de mieux en mieux réfléchir et prendre des décisions sans te mettre en danger. On apprend à réfléchir en s'exerçant à réfléchir. C'est comme un sport que l'on apprend en le pratiquant et en s'exerçant. » L'ado comprend tout à fait ce genre de métaphore. Il sent qu'on le respecte en lui expliquant son fonctionnement sans le juger. Souvent, les tout premiers jours de l'expérience, on constate un changement profond. Chacun joue le jeu et la relation s'améliore considérablement mais, bien sûr, les habitudes sont longues à changer et il se peut qu'il y ait encore des accidents. C'est le moment de ne pas craquer (surtout ne pas craquer !), pour éviter de revenir à un fonctionnement dont on a vérifié l'inutilité pendant des années… Passé le moment de crise, on peut reprendre les choses avec le sourire, en expliquant (encore une fois expliquer) que cet incident n'est pas grave, que ça ne signifie pas la fin de l'expérience, qu'on va de nouveau essayer pour y arriver petit à petit, ensemble, en faisant des efforts ensemble… Au-delà de l'incident, il faut conserver de la confiance, de la tendresse, de la solidité et du sourire.

7
Comment faire en pratique ?

Méthodologie

Anticiper, commencer très tôt

Plus votre enfant est jeune, plus ce sera facile. Rien n'est perdu si votre jeune humain est déjà un ado (nous verrons plus loin des propositions pour changer les choses) mais, indubitablement, il sera plus facile de prévenir. Pourquoi ? Parce que l'enfant croit ses parents et ne remet rien en cause (on l'a déjà dit : il croit au Père Noël et à la petite souris…). Lorsque son cerveau a encore peu de capacités d'analyse des situations, il prendra des habitudes tout naturellement. Léo, 20 ans, me disait l'autre jour : « Quand j'étais petit, je croyais tout ce que me disait mon père ! Je ne remettais rien en question. Il m'aurait dit que les coccinelles étaient bleues… elles auraient été bleues ! Aujourd'hui, je me rends compte à quel point il m'a dit certaines absurdités ! »

Il s'agit alors d'instaurer des rituels.

Un exemple, si vous lui dites, tout petit : « Tu peux manger un bonbon par jour, deux le dimanche ! », il le fera et ne s'habituera pas au goût de trop de sucre. Attention, vous devez être le premier à tenir cette règle, même les jours d'anniversaire, de Pâques ou de Noël. C'est tentant de le voir se régaler de chocolats… mais il se régalera tout autant de fruits bien mûrs si on l'habitue à ce goût. On pourra célébrer la fête avec un fruit exotique, une mangue, une noix de coco ou autre. On pourra aller à la chasse aux œufs de Pâques et il pourra en déposer dans son petit panier. Il pourra les garder comme un trésor à consommer petit à petit. Vous n'aurez pas à élever la voix ou à dire « Ça suffit maintenant ! » puisqu'il saura que c'est « un par jour, deux le dimanche ». N'étant pas accoutumé au sucre, il serait vite écœuré. Vous pourrez même, vous verrez comme c'est facile, lui laisser admirer les papiers de couleur, trier… Il se servira de ses petits œufs ou de ses papillotes comme de jouets. L'histoire serait bien plus compliquée à gérer si vous autorisiez une fois oui, une fois non. On sait bien que le petit a besoin de rituels, c'est sécurisant pour lui.

Ne pas lui demander de prendre des responsabilités avant qu'il en soit capable

Il ne peut pas penser à se laver les dents tous les soirs avant d'aller se coucher. Il sera plus simple de lui dire : « Allez, les dents et dodo ! » avec le sourire, même vers 10 ans, que de lui reprocher de ne pas le faire tout seul. Le reproche créerait de la tension inutile et contre-productive.

Un petit garçon de 11 ans m'expliquait qu'il savait bien qu'il devait descendre la poubelle, qu'il était d'accord sur l'idée, mais qu'il oubliait régulièrement, sans le faire exprès. Ses parents s'exaspéraient, pensant qu'il y mettait de la mauvaise volonté. Il n'était juste, le soir, après une journée de collège, pas « câblé » sur cette tâche à accomplir. Nous avons résolu le problème avec un petit écriteau « poubelle » posé sur son bureau, tout simplement.

Là encore, c'est vous qui devrez anticiper, tant que c'est nécessaire. On ne coupe pas brusquement le jeu d'un enfant (ou sa rêverie) parce que, tout à coup, nous estimons que c'est l'heure de passer à table ou de prendre la douche par exemple… De même que nous n'aimerions pas être brusquement interrompus au milieu de la page d'un roman qui nous passionne. Alors, pourquoi ne pas utiliser un petit minuteur et anticiper : « Dans 5 (ou 10) minutes, le minuteur va sonner et ce sera le moment d'aller prendre ta douche, OK ? »

« Gouverner, c'est prévoir », dit-on. Éviter les causes de conflit, c'est prévoir aussi... et le jeune humain ne le peut absolument pas. Les repères spatio-temporels sont encore très flous pour lui. C'est donc à l'adulte dont le cerveau est à maturité de le faire. Et ce n'est pas pour le chouchouter, mais pour vous-même, pour avoir une vie bien plus paisible et agréable et, bien entendu, aussi pour lui montrer comment on arrive bien mieux à ce que l'on souhaite dans le calme que dans l'énervement, la mauvaise humeur, les épreuves de force, les cris, les punitions. Il apprend en observant et en reproduisant.

Anticiper, c'est aussi éviter la facilité quand le petit humain est tout petit. Il est tellement facile d'allumer la télévision ou de lui donner un téléphone portable pour obtenir qu'il ne bronche plus. Il est tellement facile de lui coller une tétine dans la bouche dès qu'il s'agite... Mais, ce faisant, on l'habitue à trouver du plaisir dans de la consommation et pas dans la relation. Et, comme le sucre, c'est addictif. Quand il sera plus grand, on lui reprochera alors d'être toujours collé à son téléphone portable, on lui reprochera de « téter » des cigarettes, alors que, peut-être, on aura induit ces comportements. Alors, les écrans, ça peut être un petit moment, ensemble et jamais seul. La tétine, ça peut être pour s'endormir, pour lui, mais jamais « pour vous » juste pour qu'il ne vous dérange pas.

Oui, l'enfant a besoin de présence, d'attention. Il joue et apprend beaucoup de choses en jouant activement. Mais, pour jouer, il a besoin de quelqu'un qui joue avec lui. Il a besoin de partager ses joies, ses enthousiasmes. Il peut jouer seul, aussi, mais il ne peut pas jouer seul tout le temps. Comme nous… nous pouvons apprécier, de temps en temps, d'aller seul au cinéma ou au restaurant, mais c'est souvent plus agréable avec de la compagnie !

Savoir dire non à une demande de disponibilité : donner rendez-vous

Pour autant, il ne s'agit pas de renoncer pour soi à une vie qui ne serait pas entièrement dévouée à son enfant. L'enfant est en demande perpétuelle et immédiate et c'est bien normal. Alors, comment faire ? On va lui promettre de vrais moments qui lui seront complètement dédiés. De vrais moments au cours desquels nous poserons nos téléphones portables ailleurs pour être vraiment disponibles pour jouer, pour câliner, pour écouter. Si nous sommes occupés à autre chose au moment où il nous demande, nous pouvons lui « donner rendez-vous » et, s'il sait que nous tiendrons parole, il nous fera confiance et apprendra aussi, par la même occasion, à patienter un peu avant d'obtenir l'attention qu'il réclame.

Le jeune humain n'est pas capricieux. Il ne sait pas que la satisfaction immédiate de ses désirs ne lui est pas due. Il ne servirait à rien de lui apprendre la frustration pour lui apprendre la frustration en le moralisant. Il s'agit de lui apprendre la frustration en le sécurisant. « Ce n'est pas possible maintenant tout de suite, mais je te promets que je prendrai du temps rien que pour toi et avec toi à telle heure. » C'est à peu près l'esprit de la réponse qui lui permettra d'attendre sans angoisse, parce qu'il ne se heurtera pas à un refus accompagné d'exaspération ou de moralisation. Et, bien entendu, quand on a promis, on tient sa promesse. Attention, plus il est jeune, moins il a de représentation du temps. Aussi nous essaierons de lui donner des repères qui signifient quelque chose pour lui : « avant le déjeuner » ou « au moment où la grande aiguille de la montre arrive là » ou « après la sieste ». Il peut attendre le jour de son anniversaire « après cinq dodos ». Il peut aussi attendre s'il sait que ça va arriver et que sa confiance ne sera pas trahie. Et, ensuite, vous pourrez profiter tranquillement de votre occupation ou de votre loisir, sans le moindre sentiment de culpabilité. Vous en avez bien besoin !

Dire non à une demande de choses : comprendre le sentiment

Il arrive aussi que le petit humain veuille obtenir une chose, un jouet par exemple. Je répète : le jeune humain n'est pas capricieux. Il ne sait pas que la satisfaction immédiate de ses désirs ne lui est pas due, donc il va, sans aucune malice, vers ce qui l'attire (et qui a été mis à portée de ses yeux et de ses mains dans les supermarchés bien exprès pour le tenter). La publicité, le commerce fonctionnent sur la tentation. On éveille chez le client le désir de se procurer bien des choses inutiles grâce au soin porté aux emballages, grâce aux messages subliminaux qui nous persuadent que nous sommes « meilleurs » que l'autre si nous possédons l'objet pour lequel on s'évertue à susciter notre convoitise. Nous, adultes, nous pouvons (pas toujours…) résister à la compulsion d'achat en réfléchissant, donc en faisant fonctionner notre cortex, c'est-à-dire la zone qui n'est pas encore connectée chez le petit. Le petit n'est pas raisonnable et ce serait impossible pour lui. Tout discours de moralisation est donc absurde. Il ne retiendrait que les yeux froncés et le sentiment de nous avoir mécontentés. Il ne comprendrait pas pourquoi. Alors, nous accueillerons son envie avec empathie mais nous n'oublierons pas non plus que l'enfant passe d'une émotion à l'autre en une fraction de seconde. Il est dans l'immédiat de son désir mais il sera un instant plus tard dans l'immédiat de son intérêt pour autre chose. Et si on essayait de remplacer le traditionnel : « Arrête de toucher ! Ne touche pas ! », par « Oh ! C'est joli ça, ça brille ! », « Je comprends bien que tu aies envie de cette petite poupée et que tu aimerais bien la toucher ! C'est dommage qu'on ne puisse pas tout emporter à la maison ! » On peut plaisanter et rire avec l'enfant en imaginant comment ce serait, la maison remplie de tout ce qu'il y a d'intéressant dans ce supermarché ! On peut dire à la poupée de patienter et qu'on reviendra la voir lors des prochaines courses. Si l'enfant persiste dans son intérêt pour cette poupée, un jour, peut-être, on la lui achètera (hors de sa présence) et on la lui offrira pour une occasion, bien empaquetée dans un joli papier cadeau. L'enfant comprendra alors qu'on le comprend. Mais il se peut aussi qu'il oublie complètement car, on l'a déjà dit, il est le plus souvent dans l'instant présent. Il ne s'agit pas de casser ses élans spontanés. Il s'agit de l'aider à les canaliser sereinement. Il s'agit de lui apprendre à gérer les innombrables frustrations que la vie mettra sur son chemin.

Ne pas se justifier quand on dit non

On observe souvent une dynamique assez surprenante dans les rapports parents/enfants, le parent demandant à son enfant de le comprendre, comme s'il n'osait pas affronter son désaccord. Comme s'il était présumé coupable, il a besoin de se dédouaner et il se justifie. On peut alors assister à un dialogue de sourds, le jeune humain tentant de se faire comprendre lui aussi. Rappelons encore une fois que l'adulte devrait être mieux équipé puisque son cerveau peut disposer d'une maturité suffisante pour prendre de la hauteur par rapport aux événements, alors que le jeune humain ne le peut pas. C'est comme si on lui demandait d'emprunter un chemin qui n'est pas encore tracé.

Ajoutons qu'écouter de manière empathique, comprendre une demande n'entraîne absolument pas l'obligation de fournir l'objet de la demande. Écouter, comprendre, sereinement, s'intéresser aux sentiments et arguments de votre jeune humain ne vous oblige pas à dire oui si vous estimez que cela est inapproprié ou dangereux. Résister solidement et tranquillement, c'est rassurant pour le jeune car, en fin de compte, on ne s'appuie bien que sur ce qui résiste.

Si nous sollicitons une institution pour obtenir une aide, un document, une subvention, nous pouvons entendre que notre interlocuteur comprend que nous aurions bien besoin ou envie d'obtenir satisfaction, qu'il est vraiment et sincèrement désolé pour nous de ne pas pouvoir. Nous prendrions sans doute la mouche si on nous moralisait en nous disant que nous ne devrions même pas y songer !

Être capable d'évoluer

Quand on constate que notre méthode (employée, bien entendu avec conviction de bien faire) ne fonctionne pas, pourquoi s'entêter ? Pourquoi faire du « toujours plus de la même chose » ?

On a privé l'ado pendant 3 jours de son téléphone portable et il continue ? On va le priver 8 jours ! On a crié dix fois, vingt fois sur l'enfant pour qu'il aille prendre sa douche ou pour qu'il se dépêche le matin et ça n'a pas marché ? On va crier plus fort, beaucoup plus fort !

On a puni, surveillé, obligé l'ado à passer des heures et des heures devant son bureau à vérifier chaque note, chaque devoir et les notes ne remontent pas ? Qu'importe, on va convoquer des professeurs particuliers, on va s'énerver encore plus...

Ce qui se passe, c'est que la contrainte et la punition, méthodes qui produisaient des effets pendant l'enfance (malheureusement), ne peuvent plus marcher à l'adolescence. Il arrive que les parents ne se rendent pas compte que leur petit humain est devenu un ado-humain, qu'il a grandi en force mais aussi en capacités, qu'il peut davantage comparer ce qui se passe chez lui et ce qui se passe chez les copains. Alors, il peut tenir tête. Il se rebelle et les parents ne comprennent pas, sont désorientés, se sentent démunis. On ne s'équipe pas de la même manière qu'on parte pour une petite balade du dimanche ou qu'on se lance à l'assaut d'un sommet. On ne doit pas non plus s'équiper de la même manière pour traverser l'époque sensible et merveilleuse que peut être l'accompagnement d'un ADO-rable ! Il chemine vers l'âge adulte, encore immature émotionnellement et pas encore habitué à réfléchir de manière méthodique mais inconscient qu'il l'est. Posons-nous des questions sur notre propre méthodologie pour franchir cette étape. Nous pourrons ensuite lui poser des questions pour l'aider à résoudre les problèmes qui se posent à lui. Tout l'enjeu est là : développer son discernement. Je dis bien développer son discernement et ne pas vouloir qu'il obéisse sans réfléchir à nos injonctions… ou qu'il soit contraint de se révolter pour croire qu'il est libre. Donc réfléchissons pour savoir comment l'aider à apprendre à réfléchir.

Sortir de la réaction éruptive et entrer dans l'action réfléchie

Quelles décisions n'avons-nous jamais regrettées ? Certainement celles que nous avons pris le temps d'étudier posément. Il se peut que nous ressentions des impulsions qui nous poussent à nous engager brusquement dans des actions. Parfois, confondant vitesse et précipitation, nous fonçons tête baissée, sans réfléchir. Bien sûr, le désir qui nous a poussés à agir ainsi est à respecter et à prendre en compte. Mais considérer le désir n'oblige pas à y répondre. Ce désir est-il un désir qui correspond à nos valeurs profondes ? Nous emmène-t-il vers plus de cohérence dans nos choix et nos actions ?

De même que nous savons réfréner nos envies de manger ou boire n'importe quoi, parce que nous comprenons bien que cela peut nous être préjudiciable, de même que nous sommes capables de réfléchir à l'équilibre écologique de la planète et d'adapter notre manière de consommer en conséquence, nous pouvons nous poser la question de ce qui est vraiment utile sur le plan de l'éducation de nos jeunes humains, et des conséquences à court, moyen et long termes de nos réactions. C'est aussi si nos discours et injonctions sont cohérents avec nos actions que nous pouvons témoigner : si nous considérons l'emportement comme un système risqué et que, à l'inverse, nous parlons de nos peurs, de nos colères sans nous laisser déborder par elles et sans les déverser sur nos enfants, ils apprendront, peu à peu, à en faire autant. Faute de quoi nous aurions l'air de nous bagarrer avec eux dans la même cour de récréation en voulant leur expliquer qu'il faut réfléchir… ce qui serait bien incohérent !

Que faire de nos colères ?

Je reviens sur la colère, qui est certainement l'émotion la plus difficile à accueillir en positif alors qu'elle est, d'après moi, la plus utile, la plus puissante des émotions qui peuvent nous aider à bien conduire nos vies.

On pense bien trop souvent que la colère est une émotion négative, alors on s'emploie à tenter de la mater en nous-mêmes et en nos enfants. Pourtant, la colère est indispensable. Elle permet de refuser l'injustice, l'humiliation. Elle permet de s'engager dans de grandes causes, pour défendre des idées, des valeurs. Elle permet de soulever des montagnes. Or, il faut bien comprendre que le jeune enfant, n'ayant pas les ressources pour utiliser sa colère de manière constructive, ne sachant pas dire ce qui lui paraît injuste ou insupportable, manifeste sa colère avec tout son corps, avec des cris, avec des comportements brusques. Il n'est pas équipé encore pour faire autrement. Et, comme cette colère se dirige souvent contre ses parents, c'est-à-dire ceux qu'il voit le plus souvent et qui, par leur présence même, lui imposent des frustrations, bien des parents ne supportent pas ce qu'ils considèrent comme une attaque personnelle. Ils refusent cet élan de défense de ses valeurs qu'exprime le petit à travers des comportements qui seraient, certes, tout à fait inadaptés à l'âge adulte mais qui sont tout à fait spontanés et « normaux » chez le petit.

Donc, au lieu d'accueillir l'émotion qui jaillit en la nommant et en prenant la mesure de la détresse qui pousse le tout-petit à clamer ses besoins inassouvis, au lieu de posément lui apprendre à exprimer sa colère de manière socialement acceptable, on lui signifie qu'il est inconvenant, méchant, vilain… On le punit pour mater ses révoltes.

Je propose au contraire de respecter profondément le sentiment éprouvé, de lui apprendre à le nommer et de lui apprendre quoi faire quand il se sent submergé, comme par un tsunami. C'est ce que j'appelle « valider le vécu ». Si à nous aussi il nous arrive de perdre notre sang-froid et de nous livrer à des cris, des insultes, des violences verbales (ou même physiques), c'est parce que notre éducation a omis d'aborder ce problème si délicat. On nous a appris les tables de multiplication, les règles de grammaire, à résoudre des équations difficiles, on ne nous a pas appris comment gérer un sentiment d'injustice. On a juste essayé de nous « civiliser », mais on ne nous a pas appris à utiliser cette source d'énergie. Alors, tout cela bouillonne en nous et ressort parfois, avec la soudaineté et la violence d'un volcan.

Parfois, dans certaines maisons, on pourra installer un punching-ball ou un gros coussin de colère, destiné à recevoir les coups des enfants. Comme ils peuvent se sentir inadéquats dans le sentiment qu'ils éprouvent, un peu ridicules, même si ça défoule, il serait intéressant que les adultes n'hésitent pas à utiliser, eux aussi, ce moyen d'expulser la violence de leur colère afin, justement, qu'elle ne se transforme pas en violence physique ou verbale sur qui que ce soit. Cela donnerait aussi aux enfants un exemple, car on sait bien qu'ils apprennent bien plus par imitation que par injonction. Ensuite, on peut se parler calmement et rechercher des solutions. Mais après seulement !

La notion de vraie liberté

Pour avoir une vie intense et sereine, il est important de vivre en cohérence avec ses valeurs et ses émotions. Il est important de vivre une vie qui a du sens et pas seulement des plaisirs éparpillés selon l'humeur ou l'envie. Il est important de se sentir utile et juste dans ses choix. Céder à la satisfaction immédiate des impulsions n'a jamais apporté que du plaisir, « un shoot de dopamine » selon l'expression du sociologue Frédéric Lenoir, mais la notion de liberté est bien trop souvent dévoyée quand elle est confondue avec la simple liberté de réactivité, la simple possibilité de refuser, de faire le contraire de ce qu'on nous demande. La vraie liberté correspond à un choix conscient qui tient compte de la cohérence avec nos valeurs, du respect de nos émotions. Cela met en jeu un temps de réflexion, de discernement qui permet alors, selon la proposition de Frédéric Lenoir, de grandir en humanité. Cela reste conforme à son élan de vie[35].

---

35 https://drive.google.com/drive/folders/1U-FE_Ow1SCSRKipSiMHY6_P3XwyJbiA9

Le petit humain et l'ado-humain ne possèdent pas encore, pas spontanément du moins, cette méthodologie et ce n'est pas parce qu'on leur crie dessus : « Mais enfin, réfléchis donc un peu ! », qu'ils peuvent pour autant l'acquérir.

Une alternative à la punition sera la réflexion, mais une réflexion guidée, surtout au début, ou selon la gravité de l'affaire. On profitera de l'occasion d'une « bêtise » pour analyser avec l'enfant ou l'ado comment on en est arrivé là, quelles ont été ses erreurs et pourquoi il les a commises. Attention, faire réfléchir un enfant ou un ado, ce n'est pas essayer de lui faire la morale. On restera très positif, sachant qu'on tient là l'occasion de faire grandir le jeune humain. N'oublions pas l'expression connue : « Quand on se plante, on pousse ! »

Tout l'art sera de poser à l'enfant (ou à l'ado) des questions judicieuses pour qu'il puisse, en toute confiance, comprendre et grandir, sans craindre de punition. Il saura alors qu'il peut compter sur l'aide d'un adulte calme, solide et bienveillant.

Réparer

Bien entendu, selon les dégâts occasionnés, on lui demandera aussi de les réparer (ou de participer à la réparation), car il apprendra ainsi à assumer les conséquences de ses choix et de ses actes. Il ne s'agit pas de le gronder ni de lui faire payer une faute qu'il n'a pas voulu commettre ou dont il n'a pas mesuré les conséquences puisque le système complexe d'élaboration et d'anticipation n'est pas encore mature… Il apprendra ainsi, en douceur mais fermement, l'intérêt de réfléchir aux conséquences de ses entreprises. Exactement comme nous, quand il nous arrive de nous tromper ou de provoquer par étourderie un dégât, nous devenons plus attentifs parce que nous avons été confrontés à la nécessité de ramasser, de réparer, de racheter... Ce n'est pas une punition, c'est juste une conséquence... Ensuite, on n'en parle plus, le passé, c'est le passé... c'est payé, pardonné, oublié... comme dit la chanson.

Des mots d'ados... et de parents

Hier, j'avais deux jeunes ADO-rables à la maison (12 et 14 ans) et je les ai interrogés sur les bêtises que pouvaient commettre les enfants. Nous avons beaucoup ri en évoquant tout cela et j'imagine que, peut-être, certaines bêtises évoquées vous feront aussi sourire, soit parce que vous les avez faites vous-même, il y a quelques années, soit parce que, quand on n'est pas dans le moment de l'événement, on a beaucoup plus de recul et d'humour ! J'imagine aussi que, selon votre sensibilité, certaines vous feront grincer des dents...

La liste des ados

- Perdre une clé
- Casser un objet
- Exploser deux téléphones en un jour
- Manger trop de chocolats
- Lancer des appels téléphoniques à l'étranger
- Faire pipi dans le gazon du jardin, toujours à la même place et rire quand on voit Papa qui se demande pourquoi le gazon est jaune à cet endroit-là !
- Faire pipi dans la piscine

- Faire péter des pétards
- Sonner à un portail et se sauver
- Sticker des voitures avec des petits cœurs autocollants
- Boire les fonds de verre d'alcool lors d'un mariage
- Couper les cheveux de sa petite sœur
- Faire des misères à des animaux, insectes, escargots...
- Faire des sauts en BMX dans la piscine
- Reconfigurer le téléphone d'un adulte en langue étrangère
- Piquer des bonbons dans un magasin ou des pommes dans un verger
- Escalader un portail pour pénétrer dans un endroit fermé
- Ne pas porter de protections pour faire des sauts en trottinette ou en BMX
- Monter à plusieurs sur un scooter
- Se battre entre frères
- Jouer avec des produits explosifs, ou des produits qui rongent la peau
- Balancer des boules puantes...

Ils ont beaucoup d'imagination... Mais, au fait, avec les moyens que nous avions à notre époque d'adolescence, en avions-nous moins ? Étions-nous pour autant des voyous ?

Ce qui me frappe en relisant cette liste, c'est qu'ils mettent tout sur le même plan, notamment les conduites à risque. Étant donné que des adultes étaient présents, nous avons aussi discuté et nous en avons profité pour leur donner des explications, des témoignages, des informations. Une maman présente était kinésithérapeute. Elle a expliqué comment elle avait été tout à fait traumatisée, lors de stages pendant ses études, dans des services où elle avait vu de nombreux jeunes paraplégiques après des accidents stupides à deux roues. Comme ils n'étaient pas grondés ni même moralisés, comme cette jeune femme parlait juste de ses sentiments, ils écoutaient avec grande attention. Ils ont aussi pu entendre des informations données par un père scientifique sur la volatilité de l'essence. Ils ont aussi échangé, avec grande logique, leurs arguments. Par exemple, quand un adulte s'offusquait de les voir arracher des ailes des mouches, ils ont rétorqué : « Et arracher les cuisses des grenouilles pour les manger ? » À cet âge-là, l'adulte paye comptant (eux diraient « cash ») toute incohérence !

Là où, *a contrario*, ils établissaient des distinctions importantes de valeur, c'est sur les mesures à prendre par les adultes :

- « Bon, c'est normal qu'on te gronde un peu ! » (Ils n'ont pas employé ce mot...)
- Mais ça ne sert à rien de disputer ou de punir, sinon, la prochaine fois, tu fais mais tu te caches bien ! »
- « Bon, après, quand t'as fait une grosse bêtise, il faut réparer... »

Ce qui me frappe aussi, c'est que les raisons pour lesquelles les enfants sont souvent punis n'apparaissent pas dans la liste ci-dessus. Je pense que c'est parce que, pour eux, ce ne sont pas des bêtises. J'imagine qu'ils n'y voient pas d'intention, donc pas de « bêtise ». Au contraire, voici une autre liste, produite cette fois par des adultes.

La liste des adultes

- Crier lors d'un trajet en voiture
- Ne pas descendre mettre la table
- Ne pas avoir sorti la poubelle
- Avoir eu une mauvaise note
- Avoir cassé un objet en jouant au ballon
- Avoir lancé un objet qui a atterri sur la tête du grand-père
- Disputes entre frères et sœurs
- Les obligations (les dents, la douche…)
- Les devoirs

On retrouve, en effet, dans cette liste-là, de multiples occasions de cris, d'énervements, de gronderies, de punitions, de menaces…

Un autre enfant, interrogé aussi, répond : « J'ai 8 ans, je fais des bêtises, c'est normal ! » Cette réflexion enfantine nous interpelle sans doute sur notre représentation (ou sur nos illusions…). Imaginons-nous un enfant « zéro bêtise » ? La vraie question est de savoir comment, dans le respect mutuel, lui apprendre à vivre en société, à éviter les erreurs, à corriger celles qu'il fait, à grandir…

Le respect, bien sûr, c'est une notion bien complexe et mystérieuse pour un enfant… C'est un concept qu'il apprend trop souvent comme synonyme d'obéissance et de déférence… sans qu'on lui en fasse goûter un échantillon pour lui-même, sans qu'il sache, en fin de compte, ce qu'est vraiment le respect. Ce sera alors un mot qu'il lui arrivera d'employer à tort et à travers comme s'il s'agissait de se plier à des obligations, d'avoir peur des conséquences de ses actes, donc de chercher à les dissimuler. Ce sera un mot qu'il aura appris aussi comme reflétant la loi du plus fort, avec tous les dangers qui peuvent survenir dans la cour de récréation. Au moment où j'écris ces lignes, un garçon de 13 ans s'est récemment suicidé, harcelé par quatre adolescents de sa classe. Ce fait épouvantable doit nous faire réagir, pas seulement en termes de punition pour les bourreaux. Ils avaient probablement appris à « respecter » des règlements ou des personnes dont ils pouvaient craindre une punition. Ils sont actuellement emprisonnés et, sans doute, en train de comprendre la portée de leur attitude… mais les dégâts sont irréparables. Une vie enlevée et quatre autres bien lourdement marquées, sans parler de celles de leurs familles à tous… Quel gâchis effroyable.

Dans un livre-témoignage très bien fait, Noémya Grohan explique très bien à quel point ses persécutrices n'avaient même pas conscience de ce qu'elles faisaient[36]. Pour éviter tous ces drames, comment remplacer le système actuel : interdiction/punition/moralisation/répression ? C'est seulement par l'anticipation, le suivi, la discussion, la réflexion qu'on pourrait diminuer les violences. Le système suédois de tolérance zéro est intéressant à comprendre : aucune anecdote concernant les élèves n'est classée sans suite. Les professeurs sont tenus de rencontrer les protagonistes dès la première alerte, dès le premier « comportement offensant ». Ils doivent informer leur hiérarchie, selon une procédure administrative précise. Si les faits se reproduisent, c'est l'établissement qui est sanctionné par une lourde amende car « l'instruction étant obligatoire jusqu'à 16 ans, les écoles ont le devoir de garantir aux élèves un environnement sûr et sans violence »[37].

---

36 Noémya Grohan, *De la rage dans mon cartable*, Hachette, 2014.

37 https ://www.lemonde.fr/education/article/2020/11/05/en-suede-tolerance-zero-contre-le-harcelement-scolaire_6058601_1473685.html

D'ailleurs, comment un jeune adolescent pourrait-il résister aux injonctions des dogmatismes, du consumérisme, des modes ? Comment pourrait-il affirmer un désaccord s'il n'est pas psychologiquement et physiquement en sécurité ? N'oublions pas, encore une fois, que l'adolescent immature est encore crédule. Si on ne lui a pas appris le respect de lui-même et la liberté de penser, si on lui a appris, avant tout, à obéir sans réfléchir, si on lui a, par les conséquences de notre comportement, appris que celui qui détient le pouvoir est à craindre car il peut manier les remontrances et les punitions, alors, bien entendu, il y a de grandes chances qu'il ne lui reste que deux solutions : se fondre dans la masse pour ne rien risquer ou bien devenir un leader, un chef de bande pour que ce soient les autres qui aient peur.

Il est encore à noter une vraie contradiction dans les programmes officiels : on demande aux ados, au cours des oraux de leurs examens, de montrer de la personnalité. Mais comment faire si on leur interdit d'en avoir une en classe et à la maison ? Si on leur a appris à surtout ne pas s'opposer, à ne pas faire de vagues, à être un mouton docile qui ne dérange personne ?

Tout cela demande une véritable décision forte et globale… pas seulement les efforts d'enseignants de bonne volonté qui croulent déjà sous leurs tâches et les tonnes de copies qu'ils ont à corriger… Cela demanderait des fonds importants, cela exigerait une formation et des moyens humains.

Cela demanderait de se souvenir de l'étymologie du mot école et d'y revenir : en grec, le mot *skholè* se traduit par « loisir, repos », ce loisir propice à l'ouverture et à la découverte, qui permet l'étude sereine… Ce n'était pas un temps de divertissement mais un temps hors charge mentale qui permettait de se consacrer à l'étude. Les Grecs et les Romains (avec la même notion sous le terme *otium*) avaient bien l'intuition de la nécessité, pour bien apprendre, de se trouver dans un environnement calme. J'imagine que les heures de colle et les mots aux parents n'étaient pas de mise…

Résoudre les crises, âge par âge

Le préalable indispensable à toute résolution de crise : accueillir l'intentionnalité et ses causes ou la non-intentionnalité de la « bêtise ».

On ne redira jamais assez que chaque circonstance compliquée à traverser pourrait être l'occasion de le faire grandir… et c'est quoi grandir ? C'est quoi devenir adulte ? C'est en principe pouvoir réfléchir, pouvoir anticiper, c'est pouvoir prendre du recul sur les événements, c'est assumer les conséquences de ses choix et de ses actes.

À 4, 6, 10, 14 ou 17 ans, il n'est pas adulte ! Et même si la majorité se situe à 18 ans, il n'a alors pas encore toutes les possibilités qu'il pourra acquérir plus tard. Il ne PEUT PAS réfléchir, même si on lui dit de réfléchir. Il ne PEUT PAS anticiper. Il ne PEUT PAS gérer ses émotions tout seul. C'est aux adultes qui l'entourent de lui montrer comment faire, ou de l'exercer en lui posant des questions judicieuses.

Comment s'y prendre avec un petit ou tout jeune humain

Comme on l'a vu plus haut, soit l'enfant ne sait pas qu'il fait une bêtise (il a eu un geste maladroit ou il a été sous l'impulsion d'une émotion trop forte pour qu'il puisse la gérer), soit, au contraire, il « veut » la faire, il fait exprès.

L'enfant de cet âge vit dans les contes de fées, les histoires… Les personnages des dessins animés qu'il regarde sont pour lui réellement en danger ou ont réellement peur. N'oublions pas que, même s'il est capable de tenir de grands discours, il n'a pas la capacité de vraiment comprendre les enjeux ni même la réalité de ce qu'il dit. Par exemple, cette petite fille de 6 ans qui regarde son petit ventre rond (peut-être un peu trop de bonbons ou de sodas ?) et annonce très sérieusement à sa mère qu'elle pense être enceinte. Par exemple, cet autre enfant de 5 ans qui, voyant mes rides, me demande si, quand j'étais petite, il y avait des dinosaures.

En même temps, la zone de gestion des émotions (le cortex orbito-frontal) étant encore complètement immature, il reçoit tous les événements de plein fouet, sans filtre. Une moquerie, une gronderie, une menace ont sur lui un impact immédiat et très important. Cela produira sur lui des blessures émotionnelles dont il ne gardera peut-être pas le souvenir conscient mais dont il conservera sans doute des cicatrices de perte de confiance en soi, qui pourront se traduire plus tard dans son comportement d'adulte.

Enfin, comme il ressent qu'il a de nouvelles capacités, il a envie de les explorer : il veut faire « tout seul ! » Il ose s'éloigner un peu plus du regard de Papa et Maman, quitte à se précipiter vers eux si un danger supposé survient ! Il ose, il s'échappe, inconscient du danger et des inquiétudes des parents, il part à l'aventure ! Un homme me racontait comment, ayant reçu un vélo pour cadeau d'anniversaire à 6 ans, il l'avait immédiatement enfourché et, pendant que les adultes festoyaient, il était parti très loin et très longtemps… Quand il est revenu, tout heureux et tout fier de lui, son père a fracassé le vélo contre un poteau de béton. À la lumière de ce que nous démontrent les explorations scientifiques du fonctionnement du cerveau de l'enfant, comprenons que l'enfant ne pouvant pas anticiper, c'est aux adultes de le faire, c'est aux adultes d'avoir les enfants dans les yeux et dans le cœur…

1. Il n'a pas fait exprès, même si les conséquences ont été importantes.

Premier exemple. Il jouait et a fait un geste maladroit qui a entraîné la chute d'un objet auquel on tenait beaucoup et qui gît maintenant explosé en mille morceaux sur le sol. Bien entendu, il n'est pas question de ne rien dire, de ne rien faire… Mais pourquoi punirions-nous l'enfant alors que, si un ami, par inadvertance, avait cassé le même objet, on lui aurait dit que c'est embêtant mais qu'on sait bien qu'il ne l'a pas fait exprès… (Parfois même, on ira jusqu'à dire à l'ami que ce n'est pas grave !) Je propose qu'on adopte vis-à-vis de l'enfant exactement la même attitude, c'est-à-dire qu'on commence par le rassurer en lui assurant qu'on sait bien qu'il n'a pas **voulu** faire une bêtise : on valide ainsi son vécu. Mais on ajoutera aussi : « Et pourtant, c'est une bêtise ! » ; « Alors, on va commencer à ramasser ensemble les morceaux, à nettoyer le sol et ensuite, on cherchera comment faire pour éviter ça une autre fois ? » Surtout, surtout, on le laisse réfléchir, on ne lui donne pas la solution, on le laisse mijoter et se creuser un peu la tête. Au lieu de lui dire : « Tu devrais aller jouer plus loin », il faudra attendre qu'il en ait l'idée lui-même, en lui reposant la question pour l'aider jusqu'à ce qu'elle lui vienne ou qu'il en trouve une meilleure… L'enfant n'est pas coupable de ses actes, quelles qu'en soient les conséquences. Une éducation saine et solide doit lui apprendre à se responsabiliser par rapport à ses initiatives. Cela doit se faire, bien entendu, très progressivement, en saisissant toutes les occasions de le faire évoluer dans sa compréhension du monde, toutes les occasions pour le faire grandir en discernement. Il n'y a que l'adulte qui, en principe, disposant de suffisamment « d'outillage » intellectuel et émotionnel, d'informations et d'expériences, doit pouvoir être jugé responsable de ses actes. C'est d'ailleurs à partir de ce moment qu'il peut être jugé « pénalement responsable ».

Dans le cas ci-dessus, l'enfant n'est pas « hors de lui », il était juste dans un moment d'inattention. Au contraire, dans l'exemple suivant, l'enfant ne le fait toujours pas exprès, puisqu'il est « hors de lui », mais, étant donné son état, on ne peut pas lui demander de réfléchir.

Deuxième exemple. Dans un moment d'exaspération contre son petit frère qui a détruit sa grande construction de Kapla®, il l'a frappé. Dans ce cas, je propose de rappeler fermement que frapper son petit frère, c'est interdit et dangereux, mais de lui exprimer simultanément qu'on comprend sa colère : on valide ainsi son vécu. Il ne faudra pourtant pas en rester là, car la compréhension et l'interdit ne lui apportent pas de solution… et il n'est pas en état de réfléchir, car il est encore trop énervé. Il faudra alors lui proposer nous-même une solution. « La prochaine fois que ton petit frère va t'énerver comme ça, tu pourras taper très fort devant lui mais pas sur lui. Sur ce coussin, par exemple. Et là, tout de suite, je vais aller dire à ton petit frère qu'il est interdit de casser tes jouets. Quand il a envie de jouer avec toi, il faudra qu'il le demande gentiment ou qu'il vienne m'en parler. D'autre part, il va falloir qu'on aménage un espace dans lequel tu pourras jouer tranquillement sans crainte de voir tout détruit… car il est encore petit et il se peut qu'il ne s'en souvienne pas. » Dans ce cas, on aura donné à l'un et à l'autre des moyens de grandir.

Il fait une crise mais il est victime des circonstances

Au moment de partir pour l'école, il ne veut pas s'habiller, il ne veut pas mettre son pull bleu, il se roule par terre, crie, pleure. Vous auriez bien envie de le prendre sous le bras et de le mettre comme un paquet dans la voiture en criant plus fort que lui, parce que vous êtes particulièrement pressé ce matin-là !

… Eh bien, on ne va pas le faire, mais on va lui dire qu'on en aurait bien envie ! Sans s'énerver mais avec intensité, on va lui dire très sincèrement ce que l'on ressent. Attention, il n'est pas question de le culpabiliser, de lui dire qu'il est impossible et que c'est de sa faute si nous sommes dans cet état (car ce n'est pas de sa faute… En réalité, si on y pense bien, c'est parce que nous sommes pris dans un tourbillon et que cela l'entraîne lui aussi à devoir aller vite, à ne pas pouvoir paresser… Peut-être aussi qu'il a encore sommeil ?). On va le rassurer en lui disant qu'on ne le forcera pas, qu'on comprend que c'est compliqué pour lui de devoir faire vite vite. On valide ainsi son vécu : il est en difficulté ! On réfléchira 10 secondes en songeant à tout le temps qu'on va gagner ensuite et à cette occasion de construire une belle relation de confiance avec notre enfant tout en le faisant grandir. Au lieu de vouloir passer en force, prenons le temps de nous asseoir à côté de lui. Conservons un ton posé, pour lui dire par exemple : « Bon, je vois que c'est très compliqué pour toi de partir précipitamment. On va se poser, respirer un peu ensemble calmement tous les deux… Tu vois, je suis pressé, très pressé mais je peux ne pas m'énerver et prendre le temps de revenir au calme… comme tu pourras le faire aussi… en respirant, comme ça… en fermant les yeux, par exemple. Est-ce que c'est vraiment indispensable pour toi de changer ton pull ? Peut-être pas. Si oui, pour aujourd'hui, et pour aujourd'hui seulement, fais-le, le plus rapidement possible. Mais il faudra qu'on s'organise mieux pour éviter de vivre tous les deux ces moments désagréables. »

Alors, comment on va s'organiser ? Pas sur le moment mais le soir, au calme, on peut préparer ensemble ses affaires pour le lendemain. Ensemble puisqu'il commence à aimer exercer sa liberté ! Ou bien, on peut lui donner un choix : « Tu peux mettre le pull bleu ou le rouge, comme tu veux. »[38]

Le coussin de colère et l'espace sérénité

On parle souvent de coussin de colère. J'en parle aussi, tout en insistant sur le fait que nous aussi, adultes, nous pouvons aller passer notre colère dessus (l'enfant apprend plus par imitation que par injonction, répétons-le encore…). Mais je propose aussi qu'on institutionnalise dans la maison un endroit « sacralisé » comme devant être l'endroit de paix, de bien-être, de sérénité. Dans ce lieu où chacun, s'il en a envie, peut aller se réfugier un petit moment, personne n'a le droit de venir le déranger. Si l'enfant y va, personne ne le dérange. Si Maman y va, personne ne la dérange. Si Papa y va, personne ne le dérange. Ça peut être l'occasion d'un moment de méditation, de respiration, de prise de recul.

Attention : on n'est jamais obligé d'y aller (ce qui reviendrait à une punition). On y va si on en a besoin et on en ressort librement.

Ce lieu peut se trouver dans une pièce commune : un fauteuil, un gros coussin, un tapis ?

Attention aussi, ce lieu n'est pas un espace pour jouer. On n'y fait rien d'autre que respirer tranquillement, écouter un son doux, observer un sablier, s'enrouler dans un châle ou serrer une peluche dans ses bras.

---

38 Isabelle Filliozat, à laquelle on doit les tout premiers ouvrages pour comprendre les émotions des tout-petits (*Au cœur des émotions de l'enfant*, Marabout, 2019) donne de nombreuses astuces pour éviter les drames de ce genre dans son ouvrage *J'ai tout essayé* (Marabout, 2019).

Si le parent est à bout, il s'accorde le droit d'aller y passer un petit moment pour récupérer.

Si l'enfant est en crise, on lui rappelle qu'il a le droit d'aller passer un petit moment dans l'endroit à câlin des émotions. On lui donne une autorisation, on ne l'oblige pas et on ne l'isole pas. L'idéal serait de disposer d'un lieu dédié. Un seul mètre carré suffit s'il est aménagé avec goût et vraiment, j'insiste, institutionnalisé cérémonieusement. L'enfant aime les rituels qui le rassurent.

On pourra aussi installer un minuteur pour se rendre compte du temps passé. C'est amusant, avec un enfant, de faire la comparaison avec le temps de préchauffage du four... Là, c'est le temps de « déchauffage » des émotions !

Ce dispositif évitera à coup sûr bien des crises.

2. Il y a eu « préméditation » !

L'enfant a échafaudé tout un stratagème pour fomenter son forfait... et comme il vit dans l'instant et que son imaginaire ne connaît pas de limites, il peut aller très très loin dans l'inventivité et l'inconscience de ce qu'il fait et des conséquences ! Si on y réfléchit à tête reposée, je suis persuadée que ça prêterait plutôt à sourire. Alors sourions ! Sans nous moquer ! Surtout sans nous moquer ! Mettons-nous à hauteur d'enfant, en lui disant par exemple : « Tu voulais tellement faire ceci ou avoir ceci, que tu as inventé une belle histoire et tu t'es bien organisé ! Je voudrais comprendre ce qui était si difficile pour toi et que nous prenions le temps de chercher d'autres solutions parce que ce que tu as fait aurait pu être très dangereux ! Si tu as une grave difficulté, je voudrais que tu me fasses toujours assez confiance pour que tu puisses m'en parler et éviter les catastrophes. » Par exemple, ce sera le cas si l'enfant joue avec des allumettes (c'est si beau et si fascinant, le feu !)… ou s'il décide de couper les moustaches du chat pour voir s'il est plus joli comme ça (ce sera bien sûr l'occasion de lui expliquer ce que sont la cruauté et le respect de la vie d'un animal).

L'exemple de J.

J., 72 ans, se souvient encore : alors qu'il avait 8 ans, on l'a mis en pension et il y était très malheureux. Les conditions d'hygiène et l'ambiance étaient plus que douteuses… notamment des gestes déplacés envers le petit garçon qu'il était. Il a économisé assez d'argent pour prendre un car. Il a repéré le trajet. Un lundi, après la prière du matin, il est allé se cacher dans un recoin qu'il avait repéré. Il s'est sauvé, s'est caché, le temps d'attendre l'arrivée du car, dans des toilettes publiques. Il a pris le car… et a sonné, tout fier de lui, à la porte de l'appartement familial !

Le jour même, on l'a reconduit au pensionnat et, cette fois, on l'a privé de retour dans sa famille pendant un mois.

Réfléchissons bien avant de dire que, finalement, ça ne l'a pas empêché de devenir un homme qui a réussi sa vie. Que se serait-il passé s'il avait, une autre fois, rencontré une circonstance qui le mette vraiment en difficulté ou en danger ? Il n'aurait jamais, au grand jamais, pu faire appel à ses parents qui, par leur comportement, s'étaient alors montrés en quelque sorte « complices » des maltraitances subies dans ce pensionnat. Aujourd'hui, il pose sur cet épisode un regard mitigé : ça a été pour lui une aventure extraordinaire dont il reste fier… mais il a perdu confiance en ses parents et admet qu'il a eu bien de la chance de ne pas avoir soit mal tourné, soit fait une mauvaise rencontre qui aurait pu handicaper sa vie…

Comment s'y prendre avec un jeune ado ? (11-14 ans)

Comme on l'a vu plus haut, soit l'enfant ne sait pas qu'il fait une bêtise, il a eu un geste maladroit ou il a été sous l'impulsion d'une émotion trop forte pour qu'il puisse la gérer, soit, au contraire, il « veut » la faire, il fait exprès.

Au début de l'adolescence, plusieurs événements importants ont eu lieu dans sa vie : l'entrée au collège, avec son cortège de découvertes et un mode de fonctionnement différent dans un espace élargi ; la puberté qui est sans doute arrivée et a bouleversé non seulement ses ressentis mais aussi sa représentation de son corps, de sa place au monde... Alors que son imagination dispose de plus en plus d'éléments pour franchir des barrières, son système de régulation émotionnelle est encore très fragile. Il part, c'est bien normal et souhaitable, à la découverte d'autres espaces, d'autres expériences, d'autres fréquentations. Il se sent de plus en plus de possibilités et des ailes lui poussent vers une irrésistible envie de liberté.

Après la période de l'attachement sécure indispensable, c'est le moment où il veut absolument se détacher, pas dans tous les domaines, pas pour toutes les expériences, mais il réclame plus de liberté et c'est encore une fois bien normal. Pourtant, nous savons qu'il n'est pas encore suffisamment équipé pour prendre des décisions qui ne seraient pas trop risquées. C'est donc le moment, pour assurer un détachement sécure, de « muscler ses neurones » : je veux dire par là de lui apprendre une méthodologie de réflexion, tenant compte de ses capacités, du contexte, de ses ressentis et des enjeux. Tout cela, il ne peut pas l'inventer tout seul[39]. Il traverse aussi des zones qui peuvent être terriblement difficiles pour lui. Au collège, on peut le mettre au défi, s'il veut

39 J'ai, dans mon précédent ouvrage, *Apprenez-leur la liberté*, largement détaillé le concept du détachement sécure.

s'intégrer à un groupe, d'accomplir des « performances » bien risquées… S'il résiste, il peut devenir la cible de harceleurs. Les années collège sont les plus délicates sur ce plan.

Cet âge est celui de bien des dangers, car il est à la fois tenaillé par de puissantes envies de liberté et d'expérimentation et pas suffisamment outillé pour être tout à fait autonome. Il est si sensible que toute plaisanterie, toute maladresse le blesse particulièrement.

Il se peut également que d'autres changements soient survenus dans sa vie. Le foyer est-il toujours le même ? A-t-il dû s'habituer au rythme une semaine chez Maman, une semaine chez Papa ? Avec de nouvelles figures d'autorité ? (Ce garçon de 12 ans affirme que le compagnon de sa mère n'a pas à lui demander de mettre la table puisqu'il n'est pas son père…) Avec une nouvelle « fratrie » ? La puberté est arrivée et ça le bouleverse ? Etc.

1. Il n'a pas fait exprès, il n'y voit pas de mal.

- L'usage imprudent et immodéré des réseaux sociaux

Voici une histoire inventée mais tellement réaliste qu'elle aurait pu arriver. Je l'emprunte à Vanessa Banzo qui a créé un spectacle destiné au jeune public, avec un très grand succès. Comme les adolescents ne se sentent pas jugés mais compris et aidés, comme le sujet, très sérieux, est traité avec humour, les retours sont unanimement positifs.

Eva a franchi le niveau primaire pour entrer en 6e. Comme dans un jeu de Pokémon, elle a subi « une évolution » qui a entraîné un changement d'apparence. Au collège et sur les réseaux sociaux, Eva a pour mission de plaire. Se retrouver seule, sans alliance dans ce jeu de survie, c'est le *game over* assuré. Avec l'aide de Shaïma, elle s'en sort comme elle peut, jusqu'au jour où elle tombe amoureuse de Léo... Très expérimenté et super populaire, c'est un joueur potentiellement dangereux. Loin d'être rebuté par l'évolution d'Eva, Léo s'est mis au défi de la conquérir. Grâce à cette alliance en bonne et due forme, Eva gagne l'admiration de la communauté des « gameurs » ! Mais cela n'est pas sans danger... Parce que cela fait partie du jeu et parce qu'ils sont désormais « en couple » aux yeux de la société qui les entoure, Léo l'incite à lui envoyer une photo, juste avec une épaule dénudée... puis c'est l'engrenage.

Au début de l'histoire, la jeune héroïne du spectacle #PREUVEDAMOUR a une perception confuse de la relation à l'autre, du respect, de l'amour, de l'intimité affective et sexuelle. Elle ne perçoit pas le danger car son raisonnement se fonde sur ce qu'elle voit dans les médias et sur les réseaux sociaux. Elle n'a pas le recul nécessaire pour faire la différence entre un comportement admissible et un comportement inadapté.

Comment réagir si cela arrivait à notre jeune fille ? Dans un premier temps, il est important de lui montrer de l'empathie. Elle se trouve en détresse ! Ce n'est pas le moment d'en rajouter. Elle a déjà bien compris à quel point elle s'est trompée. Il faut donc la rassurer, c'est cela qui est urgent. Il est indispensable qu'elle sente que vous êtes à ses côtés pour l'aider à sortir de ce mauvais pas, et pas au-dessus d'elle pour la sermonner. On commencera donc par lui signifier qu'on sait bien qu'elle n'a pas voulu ce qui arrive et qu'elle est victime et pas coupable. Il faut aussi la rassurer en réfléchissant nous-même sur les conséquences à long terme de l'incident. En effet, si cela est bien géré, qu'en restera-t-il dans quelques années ? En fait, pas grand-chose ! Pour elle, l'événement est énorme, sa confiance a été trahie, elle se retrouve exploitée, ridiculisée, elle peut se trouver à la fois en colère contre ses ex-amis et en colère contre elle-même alors que, encore une fois, elle est victime. Elle a peut-être été un peu naïve mais elle a surtout été engagée dans un cercle vicieux... Aujourd'hui, (enfin !!!) Ce n'est plus le jeune harcelé qui doit changer d'établissement mais bien le harceleur. On l'aidera donc en lui proposant de porter plainte avec elle, que ce soit devant la justice ou auprès du collège.

Comme elle nous sentira à ses côtés, elle conservera (ou retrouvera) sa confiance en nous. Nous pourrons lui proposer, si elle le souhaite, d'écouter ses émotions, de l'accueillir dans nos bras pour pleurer ses déceptions, sa colère et sa peur. Bien sûr, elle aura sans doute peur de faire de nouvelles bêtises. Nous pourrons lui dire que nous serons toujours là pour l'aider et la conseiller si elle a des hésitations. Et, surtout, nous lui dirons avec beaucoup de conviction que nous comprenons ses émotions et sa souffrance présente mais que sa vie n'est pas gâchée pour cela. Si elle pense « *no future* », il s'agit surtout de lui ouvrir des perspectives joyeuses, instruites par cette expérience calamiteuse.

- Brusquement, ses notes baissent, il se désintéresse de tout.

Voilà un sujet qui est bien sensible pour de très nombreux parents, au point qu'on en arrive parfois à se préoccuper plus des notes que de l'enfant. On peut en arriver à le menacer de le priver de sortie, de téléphone, de toutes sortes de choses. Ou alors, on va convoquer des professeurs particuliers chargés de faire remonter la moyenne de l'enfant ou de l'ado. Ou encore, on tentera de lui faire la morale, de lui expliquer qu'il doit absolument faire un effort.

Je propose plutôt d'aborder la difficulté sous une autre forme. Réfléchissons bien : s'il y a un problème, c'est qu'il se retrouve en difficulté. Alors, comme nous faisions lorsqu'il pleurait dans son berceau et que nous émettions des hypothèses sur ce qui pouvait provoquer son malaise (« Qu'est-ce qui se passe, mon chéri ? Tu as faim ? Tu as fait un mauvais rêve ? Tu as une colique ? »), penchons-nous vers lui avec tendresse et conviction : « Tes notes baissent en ce moment. Il doit y avoir quelque chose de bien difficile pour toi pour que tu n'arrives plus à maintenir ton niveau. Tu as peut-être un souci… Je voudrais t'aider à retrouver confiance et goût du travail. Je sais bien que tu n'es pas stupide, ni fainéant, alors il doit se passer quelque chose pour toi de bien difficile au collège. Si tu veux, tu peux essayer de m'en parler et je peux essayer de t'aider. Tu n'es pas seul pour affronter les difficultés. Je suis là. »

- L'absence de conscience du danger

Les parents de cette jeune fille (13 ans) sont appelés par le collège. Leur fille a bu, tout un cocktail de fond de bouteilles pour voir comment ça fait, dans la cour de récréation, au point de devoir être transportée à l'hôpital. Elle sera exclue du collège et sa maman, bien que très aimante, très bienveillante, me dit être très en colère contre elle car elle a une conduite à risque dans de nombreux domaines.

Pourtant, quand on réfléchit à ce qui s'est passé, on comprend beaucoup de choses. Quand elle était petite, elle a été exposée à des scènes d'une rare violence émotionnelle ainsi qu'à des actes ambigus et malsains chez son père. On peut donc faire le lien entre son manque de repères et certaines zones qui étaient restées dans l'ombre au cours de son enfance. Cette petite jeune fille, intelligente et dégourdie, a l'impression d'avoir déjà vécu et surmonté tant de difficultés, qu'elle n'a plus peur de rien, elle ne voit pas les dangers actuels. On comprend bien qu'une punition est inutile et même absurde. « Elle se fout de tout » et ce n'est pas une punition, ou mille, qui pourront arranger quoi que ce soit.

Au contraire, il faudra lui expliquer qu'on la comprend (et ainsi valider son vécu), mais lui apporter des connaissances et explications, d'une part pour qu'elle puisse se comprendre elle-même et faire le lien entre ses actes présents et ce qu'elle a vécu, d'autre part sur le fonctionnement effectif de ses capacités par rapport à l'immaturité de son cerveau. Dans ce cas, faire un parallèle avec la maturité de son corps sera parlant pour elle : on pourrait par exemple lui dire : « Tu sais bien que, plus tard, tu auras acquis plus de résistance, plus de force, plus de possibilités pour accomplir plus de performances. Il en va de même de tes capacités intellectuelles et émotionnelles et je suis là pour t'aider et t'éviter de tomber dans des pièges que tu ne peux pas voir aujourd'hui, mais qui sont bien réels. Pas pour te juger ou t'empêcher. »

2. Il a eu un coup de sang

Exemple : au collège, il s'est bagarré. Deux options : est-il l'agresseur ou l'agressé ?

Dans le cas où il est l'agresseur, on commencera par manifester très clairement notre réprobation sur l'acte. Et on cherchera ensuite à comprendre ce qui se joue pour lui dans cette tentative de domination. On pourra par exemple dire avec intensité : « Mais enfin, qu'est-ce qui s'est passé pour toi pour que tu fasses cela ? Tu savais bien que c'était une bêtise et que c'est dangereux ! Qu'est-ce qui t'a pris ? » N'oublions pas dans cette circonstance que, si son acte est en effet grave, il est essentiel de ne pas l'enfermer sous l'étiquette du comportement qu'il a eu. Il n'est pas « un violent ». Il a commis un acte violent. C'est vraiment le moment de le faire grandir, pas de l'enfoncer ou de vouloir lui faire honte. On va donc parler avec lui de la violence, des bagarres, des risques… sans dramatiser ce qui peut aussi rester un incident sans lendemain. On verra aussi comment réparer le tort qu'il a pu créer. Enfin, on réfléchira avec lui à ce qu'il aurait pu (et dû) faire à la place.

Dans le cas où il est l'agressé (moquerie, provocation, méchancetés par exemple), il faudra plutôt commencer par accueillir ses émotions. « Tu étais tellement à bout que tu as dû te défendre, ou " défendre ton honneur ", ou te venger, c'est ça ? Je comprends ta colère mais on va essayer de voir ensemble comment tu pourras faire autrement parce que la violence n'est pas la meilleure des solutions chaque fois qu'on peut l'éviter. » Là encore, il faudra que ce jeune comprenne que nous l'aidons à grandir. Je repense souvent à un garçon de 14 ans qui avait cassé les dents d'un camarade de classe dans la cour de récréation parce qu'on l'avait traité de salami, lui qui se prénommait Salam, ce qui était l'injure suprême pour un musulman ! Bien sûr, la gendarmerie l'a convoqué et sermonné mais avec son père, un homme intelligent, nous avons cherché ensemble comment il pouvait faire face à ce genre d'agression.

Il serait d'ailleurs vraiment nécessaire qu'un événement pareil donne lieu à une discussion avec les deux protagonistes, non pas pour une confrontation dont l'un ou l'autre sortirait vainqueur, mais pour un entretien, au cours duquel on critiquerait fermement la violence comme moyen d'expression, tout en étant respectueux de chacun et en cherchant à les faire grandir tous les deux. À 14 ans, on est encore vraiment peu conscient des conséquences de nos actes.

3. Il l'a fait exprès.

Exemples : il a sciemment menti pour éviter une punition. Il n'avait pas rendu un devoir et a inventé une bonne excuse. Elle a prétendu aller dormir chez une copine et elle a traîné toute la nuit, avec cette copine, dans les rues d'une grande ville.

Bien sûr, on manifestera son mécontentement et sa désapprobation. On pourra, avec intensité, dire à quel point on considère qu'elle se met en danger et qu'on a peur pour elle ! Il y a quatre points à garder en tête :

- éviter de moraliser : « Mais enfin, tu ne te rends pas compte que tu fais n'importe quoi ? Tu es inconscient, irresponsable, etc. »
- éviter de culpabiliser : « Tu vas me faire mourir d'inquiétude ! Après tout ce que je fais pour toi ! Etc. »
- éviter d'interdire : « Je vais t'enfermer, si tu recommences, tu auras telle punition, etc. » (Tous les obstacles que vous mettrez sur sa route pourraient bien l'entraîner à devenir champion du monde de saut d'obstacles…)
- au contraire, je propose de valider son vécu, de parler de confiance et d'informer sur les dangers réels, par exemple : « Je sais bien et je comprends que tu as tellement envie de découvrir le monde… Tu as juste envie de t'amuser et tu n'y vois pas de mal. Tu te sens capable d'affronter toutes les difficultés. Tu ne comprends pas pourquoi je ne suis pas d'accord. Quoi qu'il en soit, je sais bien que, si je t'interdis, tu pourras toujours trouver les moyens de le faire quand même. Pourtant, je sais aussi que des dangers réels existent et je t'aime trop pour ne pas te mettre en garde, car il y a des situations qui ne dépendront pas de toi et qui pourraient dégénérer. Il peut y avoir des bagarres,

des personnes alcoolisées ou droguées qui n'ont plus un comportement normal. Il peut y avoir des personnes mal intentionnées qui s'amusent à faire du mal tout en paraissant très gentilles... C'est comme ça qu'elles entraînent une petite fille/un petit garçon en lui donnant des bonbons ou en lui demandant un service. Elles ont d'autres stratagèmes pour entraîner un ado, toujours avec autant de mauvaises intentions... Pour toutes ces raisons, je ne suis pas d'accord avec ce que tu as fait. Je te demande de faire attention à toi, de ne pas te mettre dans une situation qui ne te respecterait pas, qui ne respecterait pas ta vie, tes émotions, ton intégrité... Et n'hésite pas, si un jour tu sens que tu en as besoin, à m'appeler. Même si je suis contrarié, même si je suis en colère, je viendrai toujours essayer de te protéger. On ne grandit pas sans faire quelques bêtises... Je te fais confiance pour ne pas trop en faire... »

Exemple : vous découvrez qu'il est allé regarder un site pornographique

Les statistiques disent qu'aujourd'hui, un adolescent sur trois a vu un film pornographique avant l'âge de 12 ans. Bien sûr, vous êtes choqué et inquiet à juste titre mais, là encore, même si vos émotions sont mises à mal, il sera important de conserver votre sang-froid et de traiter le sujet avec délicatesse. Ce n'est pas anodin, mais il nc s'agit pas non plus d'en faire une affaire d'État. Votre jeune humain doit sentir que vous vous occupez de lui, de ses émotions, de sa santé et que vous ne réagissez pas sous le coup de votre malaise. Lui aussi, très probablement, vit un malaise. Imaginer ce qu'est la sexualité et être confronté à des images (même si on les a recherchées), ce n'est pas la même chose. Alors, on pourra par exemple lui tenir ce genre de discours : « Je regrette vraiment que tu aies vu ces images. Ces films sont faits pour provoquer chez les adultes des réactions fortes. Ils risquent d'avoir à ton âge un impact très négatif. Il faut comprendre qu'ils ne sont pas la réalité de l'amour. C'est comme au cinéma quand le héros meurt, il ne meurt pas pour de vrai ! C'est une mise en scène. Mais je voudrais aussi comprendre pourquoi tu as voulu regarder ça. » Peut-être a-t-il été mis au défi ? Peut-être était-il curieux de découvrir un sujet qui commence à le travailler ? Peut-être est-ce un peu par hasard, dans la cour de récréation ou aux abords du collège ? Bien sûr, on lui demandera s'il souhaite en parler mais il se peut qu'il préfère ne pas le faire, car le sujet de la sexualité est difficile à aborder entre parents et enfants. C'est un sujet tellement intime qu'on peut mieux en parler avec quelqu'un de neutre, seul à seul avec un médecin par exemple ou peut-être un adulte de la famille en qui il a confiance. Si vous sentez que votre enfant reste mal à l'aise, n'hésitez pas à lui dire que vous n'êtes peut-être pas la meilleure personne pour entendre ses émotions et ses questions, qu'il est normal qu'il s'en pose et qu'il ait besoin de réponses. Sans l'emmener « faire une thérapie », ce qui pourrait lui faire penser qu'il a un fonctionnement anormal, on peut lui proposer d'en parler avec un professionnel. Pas d'intrusion dans un domaine aussi sensible… mais pas d'indifférence…

L'exemple de L.

L. a 14 ans. Au collège, on a découvert qu'elle regardait des images pédophiles sur son portable. La punition a été immédiate, elle doit rester assise sur un banc pendant toutes les récréations. Heureusement, sa mère n'en reste pas là et me l'amène. Il me faut d'abord créer avec elle une relation de confiance dans laquelle elle ne se sent pas jugée mais aidée. Elle m'explique qu'elle méprise les gens qui l'ont punie, que c'est son copain qui lui envoie ces images, sur sa demande. Je lui pose alors cette question : « Quand tu regardes ces images, qu'est-ce que tu penses ? » Elle me répond : « Je me dis que ça craint ! » Son visage est alors très expressif et manifeste un profond dégoût. J'ai alors une intuition... « Ça te rappelle quelque chose ? » En effet, elle a été violée petite fille...

Si toutes les situations ne sont pas aussi dramatiques, je crois que toutes doivent être traitées avec sérieux et calme. Elles doivent manifester à l'enfant qu'on cherche à l'aider à grandir en santé et en discernement.

Comment s'y prendre avec un grand ado (15-16 ans)

Comme on l'a vu plus haut, soit l'ado aussi ne sait qu'il fait une bêtise, il a eu un geste maladroit ou il a été sous l'impulsion d'une émotion trop forte pour qu'il puisse la gérer, soit, au contraire, il « veut » la faire, il fait exprès.

Cet âge est particulièrement délicat et, plus que jamais, il faudra éliminer le système punition, privations, humiliations, reproches. Simultanément, plus que jamais, il faudra rester un adulte solide, présent, résistant, consistant et confiant.

Cet âge est particulièrement délicat parce que l'ado a plus de moyens d'action, plus de moyens de comparaison, plus de sources d'information (vraies ou fausses). Son « efficacité » est plus importante et, s'il a décidé quelque chose, il peut mieux le mettre en œuvre, quelle que soit la qualité de cette décision. S'il se sent seul, sans soutien, sans confiance, critiqué, menacé, il peut avoir des idées de vengeance, de rupture brutale ou d'autodestruction terriblement dangereuses. C'est l'âge des plus dangereuses conduites à risque : débuts de boulimie, anorexie, scarifications, drogue...

1. Il n'a pas anticipé, pas évalué ce qui pouvait arriver.

- Il s'est mis en danger

Par exemple, il a retrouvé des copains, ils se sont lancé des défis, ont fait des « roues arrière ». Il est tombé et s'est bien écorché, au point qu'il ne peut pas vous le cacher et se trouve bien obligé de vous l'avouer.

Bien sûr, vous êtes en colère, vous ressentez une peur rétrospective et vous aimeriez le sermonner vigoureusement ! Pourtant, ce n'est pas le moment de le houspiller, ni de lui dire que ça lui apprendra… puisque l'expérience lui a déjà appris que ce qu'il a fait était dangereux. Bien entendu aussi, on ne va pas ne rien dire ! C'est tout d'abord le moment de prendre soin de lui et de vous ! On désinfecte les plaies, on fait le nécessaire urgent et puis on prend un moment pour se calmer soi-même. Par exemple, on souffle consciemment, les yeux fermés quelques instants. Et on se souvient des grands principes de la communication sans violence : on valide le vécu de son interlocuteur, on exprime ses sentiments et besoins et on propose des solutions, ce qui pourrait par exemple se traduire par : « Je comprends bien que tu voulais juste t'amuser et faire comme les copains et que tu n'as pas vu le danger. Pourtant, il y en avait un… l'expérience te l'a démontré et, heureusement, tes blessures ne sont pas trop graves. Moi, j'ai très peur qu'il puisse t'arriver des choses qui handicaperaient ta vie. Je t'aime trop pour ne rien te dire ! Tu seras sans doute encore confronté à des défis stupides… Comment réagiras-tu une prochaine fois ? »

S'il recommence à se mettre en danger, on pourra parler de sa colère, froncer les sourcils, hausser le ton, avec intensité mais surtout, surtout, en évitant les mots qui blessent et les moralisations. Dire très fort : « Je ne sais plus comment t'expliquer que tu joues ta vie ! », ce n'est pas dire : « Mais, enfin, tu ne vois pas que tu fais n'importe quoi, que tu es stupide, que tu n'arriveras jamais à rien ! » La différence est peut-être subtile, mais c'est une subtilité essentielle !

Un « coup de gueule » est un appel, comme l'a été celui de Stéphane Hessel dans son manifeste *Indignez-vous !*. C'est salutaire parce que ça exprime avec force une idée salutaire, ça réveille, ça dénonce, mais ça n'humilie pas. Il y a là de la force, de la puissance, mais aucune violence. J'emprunte à Edgar Morin une formule[40] définissant la qualité d'une relation : « Ni trop chaud, ni trop froid, mais, de grâce, pas tiède ! »

La même trame d'attitude pourra être adoptée (et adaptée) par rapport à un usage immodéré des réseaux sociaux par exemple.

• Les écrans

Voilà bien un sujet qui préoccupe (à juste titre !) bien des adultes. Commençons par faire la différence entre les écrans de consommation (de jeu, de divertissement ou d'information), les écrans de mise en relation et les écrans-outils de création numérique. Dans quel type d'activité est-il lorsqu'il est « collé sur son téléphone portable toute la journée » ? Les enjeux et conséquences ne sont pas les mêmes...

La première chose à faire serait peut-être de différencier pour vous et pour lui ces différentes utilisations du même objet. L'objet en lui-même est trop souvent diabolisé, alors qu'il peut être réhabilité, comme tout outil bien employé. (Avec le même marteau, je peux tout casser, agresser quelqu'un ou bien je peux construire, installer, réparer.) Lorsqu'un adulte globalise et dit à un ado que les écrans sont nuisibles, il affirme une absurdité.

---

40 Prononcée lors d'une conférence pour SOS AMITIÉ en 1996.

Que ferions-nous tous, aujourd'hui, sans écrans ? Et ce n'est pas une question de « temps d'écran » qui est en jeu, alors que c'est souvent le seul critère de restriction imposé par les parents.

L'exemple de Yanis

Yanis, 14 ans, est le fils d'une amie. Chaque fois qu'elle vient à la maison avec lui, il y a des moments où il est très sociable, très présent, il discute à l'aise avec les adultes. Après ça, il peut passer des heures sur son téléphone portable. Je me demandais ce qu'il pouvait bien faire, jusqu'à ce que j'aie l'explication : il a créé une chaine YouTube qui regroupe tout plein d'informations sur les geurres. Il est suivi par plusieurs milliers de personnes ! Il a dû, pour cela, faire preuve de créativité. Il a dû, aussi, se livrer à des recherches précises en consultant des images d'archives, perfectionnant des aspects techniques, respectant des aspects juridiques. Avec humour et inventivité, il incruste sur une carte d'Europe des vidéos retraçant des événements, des discours des chefs d'État et chefs de guerre, il illustre de musiques d'époque... Il a ainsi appris, tout seul, juste en se passionnant et en creusant un sujet. Sa mère s'est intéressée à ce qu'il faisait et, comme il ne la sentait pas opposée à son projet, il a écouté les recommandations de prudence sur le temps qu'il y consacrait.

L'exemple de Samia

Samia, à 12 ans, passe beaucoup de temps sur son portable. Son père est inquiet, d'autant plus que sa vue est fragile et l'ophtalmo a tiré la sonnette d'alarme. Quand il lui explique qu'il faudrait faire attention, elle prend peur et lui répond qu'il ne va tout de même pas la « priver de sa vie sociale » ! Alors, on fait comment ?

On peut déjà valider le vécu de Samia. « Oui, de nos jours, je comprends bien que tu te sentirais isolée, exclue, que tu as peur que tes copines se moquent de toi. Le téléphone est une nécessité pour toi dans ta vie actuelle, je ne veux pas t'en priver. Je veux seulement préserver ta qualité de vie pour ton futur. Que penserais-tu de faire une pause toutes les 10 minutes pour permettre à tes yeux de se reposer ? D'aller à la fenêtre observer un arbre ou une montagne ou un monument lointain, de souffler quelques instants ? Comme je sais que tu as toi aussi de la bonne volonté pour toi mais que tu risques d'oublier quand tu es prise dans une conversation, une série ou une vidéo TikTok, je te propose de programmer ton minuteur. Et puis, tu peux faire la différence entre ce qui est indispensable pour toi, la relation avec tes copains/copines et la consommation d'images qui ne t'auront pas rendue plus intelligente, qui n'auront été que de la distraction. Je ne suis pas contre la distraction, c'est important aussi mais c'est comme la nourriture, il ne faut pas se gaver… il ne faut pas gaver ton cerveau. Fais-tu la différence ? On en reparle dans une semaine pour voir ensemble comment ça s'est passé ? » Faisons confiance. Ces mots vont doucement cheminer dans l'esprit de Samia et, quand on en reparlera, 8 jours plus tard, ne craignant pas d'être contrainte, elle pourra faire honnêtement un bilan de ses progrès. On l'encouragera et on la félicitera, parce que 10 grammes d'encouragement et 10 grammes de confiance seront toujours bien plus efficaces que des tonnes de reproches et de punitions.

2. Il a eu un coup de sang.

Exemple : il a claqué les portes, vous a insulté.

Si on a eu, auparavant, une attitude non punitive mais solide, il y a de très fortes chances pour qu'on n'en arrive pas là. Nous allons donc proposer des manières de faire qui seraient nouvelles.

Donc, s'il a « explosé » et vous a agressé en paroles et en actes, on peut facilement imaginer que vos propres émotions ont été mises à mal et que vous auriez bien envie d'exploser à votre tour, de crier, de dire que c'est inadmissible ! C'est vrai que c'est inadmissible mais ce n'est pas du tout le moment de le dire car on ne règle jamais un problème quand on est énervé. Encore moins quand les deux protagonistes sont énervés, car l'escalade n'apporte vraiment pas de solution. Personne n'écoute personne, chacun étant enfermé dans sa bulle de colère et d'envie de faire mordre la poussière à l'autre. Je vous propose donc de commencer par trouver le moyen de retrouver votre calme et vos possibilités de réfléchir posément. Respirer ? Aller faire un tour dehors ? Faire un jeu tout simple sur ordinateur ? Écouter de la musique ? Utiliser le lieu de sérénité de la maison (voir p. 130) ? Ce temps vous permettra de vous souvenir de cette réalité : s'il a un comportement difficile, c'est qu'il est en difficulté. Plus il crie fort, plus sa difficulté est grande. Il est peut-être en colère contre vous mais, probablement, vous n'avez fait que verser la goutte d'eau qui a fait déborder son vase, un vase plein de soucis, de souffrances et de complications. Quand il vous agresse, sachez qu'une part de lui vous déteste et une autre part de lui se déteste de vous agresser… Alors, bien entendu, il s'agit de ramener du calme et du respect. Mais comment ? C'est vraiment le moment de réfléchir à ce qui est important et au but que vous poursuivez : voulez-vous le mater ? le dompter ? Ou voulez-vous le faire grandir et lui permettre d'acquérir un comportement qui lui permettra, adulte, de savoir vivre en société, de savoir dépasser les différends ?

Plus nos émotions sont maltraitées par le comportement de nos ados, plus il est essentiel de garder son calme (au risque de me répéter, je rappelle que l'ado a besoin de cohérence, d'exemplarité, et pas d'injonctions, pour pouvoir changer son comportement). Ce qui ne veut pas dire accepter ou minimiser. Non, il faut traiter le sujet, tout en sachant que cela demandera peut-être quelques discussions car on n'a pas de baguette magique pour tout changer en un « hop ! ».

Je propose donc une trame d'entretien à aménager selon les cas particuliers. Quand je parle d'entretien, il est vraiment important de prévoir un moment organisé et pas improvisé. On lui donne rendez-vous avec « un ordre du jour ». On ne profite pas d'un trajet en voiture ou de faire irruption dans sa chambre.

- On commence par valider son vécu, préalable à toute communication (c'est la clé dans la serrure !) : « Lorsque tu as claqué la porte, ou dit tel mot, j'imagine que tu étais très en colère contre moi et je voudrais comprendre pourquoi.
- « Bien entendu, je ne veux pas que nous ayons ce genre de relation ni ce genre de vocabulaire. Sur le moment, j'aurais eu envie de crier moi aussi, mais je sais que ça ne sert à rien. »
- « Que voudrais-tu que je comprenne ? »
- « Comment pourrions-nous faire pour nous organiser et éviter de nous crier dessus ? »
- « Si nous trouvons une solution, ce sera beaucoup plus tranquille entre nous et, en plus, tu pourras t'en servir toute ta vie pour régler tes conflits d'une manière adulte et respectueuse. »
- « Même si, quelquefois, je suis choqué par ton comportement, je sais qu'il m'arrive aussi de faire des erreurs. Cependant, je t'aime toujours et pour toujours et je dois assurer ta sécurité et le fait de t'accompagner vers l'âge adulte en pleine possession de tes moyens. »
- « Je dois faire en sorte que tu conserves ta confiance en toi, que tu acquières une méthodologie d'apprentissage de la liberté et

que tu ne sois pas, plus tard, soumis à tes impulsions. Nous avons tous des moments au cours desquels nous serions prêts à faire n'importe quoi mais, justement, devenir adulte, c'est apprendre à faire quelque chose de positif de nos colères, pas à nous laisser submerger par elles. »

- « Je dis bien " faire quelque chose de positif " et pas simplement essayer de les dompter ou relativiser. Non, si tu es en colère, il faut apprendre à le dire posément, calmement. Par exemple, là, vois-tu, je suis en colère quand je pense aux mots que tu m'as dits mais j'essaye, posément, d'assainir la situation. Sur le moment, pour ne pas réagir à chaud, j'ai préféré trouver le moyen de retrouver mon calme (en respirant, sortant, allant écouter de la musique...). J'ai attendu d'être en état de te parler calmement parce que je ne veux pas que nous ayons ce genre de relations explosives qui ne mènent à rien.
- Je te propose maintenant de me dire calmement ce que tu aurais eu besoin que je comprenne, ce qui t'a exaspéré, afin que nous puissions vraiment régler le problème et chercher ensemble des solutions respectueuses de toi et de moi.
- D'autre part, j'imagine que, si tu es à fleur de peau, c'est qu'il y a peut-être d'autres soucis qui te chagrinent ou te préoccupent. Si tu veux m'en parler, je peux essayer de t'écouter sans te juger et de t'aider.
- Bien entendu, on sera très attentif à ce qu'il nous dit alors ! Quand on a ouvert une porte et qu'il tente de s'expliquer, surtout, surtout, on accueille sans jugement, on reformule pour bien comprendre. Et on reste positif, en recherche collective de solution dans un scénario gagnant/gagnant.

3. Il a organisé son forfait.

Exemple : il a volé un jeu vidéo dans une grande surface (ou il vous a volé un billet…).

Avant d'aller plus loin, je tiens à bien insister sur le fait que je comprends absolument le choc que des parents peuvent ressentir ! Tous les sentiments peuvent surgir brutalement en nous ! Stupéfaction, peur, colère… et c'est bien légitime. Il se peut même que, sur le coup, on ait pu exploser et dire des mots durs…

Cependant, c'est le moment de conserver son sang-froid et de réfléchir avant d'agir pour la suite. En effet :

- Le délinquant est plus grand que son délit !
- Son avenir n'est pas de devenir « un voleur ». Il a commis un acte grave mais il n'est pas réductible à cet acte.
- Il sait très bien qu'il a fait une grosse bêtise, c'est inutile de vouloir le lui prouver, il suffit de l'affirmer.
- Plus que jamais, vous devez vous montrer fiable et solide. C'est ce qui vous permettra de conserver sa confiance.
- Ce qui est passé est passé. Il s'agit maintenant de prévoir l'avenir.
- Il doit vraiment ressentir que vous cherchez à le faire grandir, que vous êtes à ses côtés, pas pour approuver son forfait mais pour l'aider à passer à autre chose de plus sain… et ce n'est pas en l'humiliant qu'on y arriverait.

Alors, que faire ?

Je propose de rester fidèle à la ligne de conduite déjà évoquée et d'avoir, le lendemain (jamais sous le coup de la vague d'émotion), un entretien reprenant les mêmes principes. Sans oublier que, dans un entretien, on écoute aussi, on laisse la place à l'interlocuteur de s'exprimer.

- « Tu as fait ceci... C'est une grosse bêtise, c'est grave. »
- « Il est sans doute arrivé à tout le monde de faire des bêtises et, même si je suis en colère, ton avenir n'est pas pour autant altéré. »
- « Je voudrais comprendre ce qui fait que tu l'as fait... Qu'est-ce qui t'a pris ? »
- « Il faut que cette expérience t'apprenne quelque chose et t'aide à grandir en sécurité et sainement. »
- « Comment tu vas faire pour réparer ? »

Les 15 principes de base pour une éducation constructive

- Si nous sommes conscients du danger et lui non, ce n'est pas parce qu'il est stupide ou mal intentionné. C'est juste parce qu'il n'a pas encore le moyen d'anticiper. Il a donc besoin d'explications et pas de moralisation.
- La confiance ne se décrète pas, elle se mérite. Si vous ne le comprenez pas, si vous l'humiliez, si vous le punissez, il ne vous fera plus confiance. Quand il était tout petit, il vous faisait entièrement confiance, puisqu'il dépendait de vous. Que s'est-il passé pour qu'il se méfie aujourd'hui ?
- On n'humilie jamais.
- On cherche toujours à faire grandir l'enfant, donc on ne le rabaisse pas.
- On cherche à comprendre ce qui s'est passé pour lui, c'est-à-dire qu'on fait preuve d'empathie (faire preuve d'empathie, ce n'est pas approuver).
- On reste solide, mais on peut montrer son émotion, son intensité.
- On demeure toujours bienveillant. La bienveillance n'est pas de la mollesse.
- On ne moralise pas, on explique le danger (le ton est important).

- On nomme la transgression et on interroge sur le sens de la transgression.
- On n'oublie pas que, si l'enfant a un comportement difficile, c'est qu'il est en difficulté.
- On doit toujours faire en sorte qu'il se sente en sécurité relationnelle et affective.
- On rassure l'enfant en difficulté : on l'aime inconditionnellement même si on n'aime pas ce qu'il a fait.
- On n'oublie pas que la confiance en soi est indispensable pour son futur équilibre de vie.
- On recherche des solutions pour réparer les dégâts s'il y en a eu.
- On fait bien la différence entre punition, sanction et réparation.

Conclusion

Et si, après tout ça, il y a un jour où vous punissez tout de même, pas de drame ! Je dénonce ici la manière systématique de recourir à la punition, au chantage, aux menaces, aux mots blessants. Mais si, un jour, ça arrive et que la punition n'a été ni humiliante, ni exagérée, ce jour-là votre enfant comprendra que, là, il a vraiment fait une grosse bêtise. Il comprendra aussi que la patience de Maman a des limites...

Paul, 28 ans, se souvient : « J'avais eu un pistolet à billes et je m'amusais à tirer des billes sur les voitures. Ma mère a fait des yeux tout en colère et m'a confisqué mon jouet ! C'est la seule fois où j'ai été puni. Ça m'a marqué, j'ai compris que ce qui m'amusait n'était pas respectueux pour les propriétaires de ces voitures, parce qu'elle me l'a expliqué et que je lui faisais confiance. Elle me l'a rendu au bout de 2 jours et j'ai trouvé d'autres cibles qui ne gênaient personne ! »

La punition, lorsqu'elle est pensée, « préméditée » pour reprendre un terme que j'ai déjà employé, est vraiment une fausse bonne idée. Mais ne culpabilisons pas s'il arrive que nos limites soient atteintes. Dans ce cas, *a posteriori*, on reparlera de l'incident, au calme. Attention, je recommande d'éviter de demander pardon ou de s'excuser.

- Demander pardon, c'est potentiellement vous mettre en posture d'infériorité. Or, il a besoin d'un adulte solide, on ne le redira jamais assez. C'est aussi risquer d'obtenir un pardon que l'enfant n'a pas vraiment envie d'accorder, car il a encore le cœur gros mais qu'il cherche simplement à vous consoler. C'est ainsi que les rôles s'inversent. Quand l'enfant a le cœur gros, c'est aux adultes de le consoler, pas l'inverse...

- S'excuser, c'est, en quelque sorte, se pardonner à soi-même si c'est pris au sens propre : « je m'excuse ».
- Au contraire, dire à un enfant : « je suis désolé, j'ai dit quelque chose de blessant que je ne pense pas », ça le laisse comprendre que personne n'est parfait mais qu'on peut rester digne, comme lui-même quand il lui arrive de faire une bêtise !

J'ajoute que, même des années et des années plus tard, l'enfant devenu adulte peut avoir besoin que son parent reconnaisse qu'il s'est trompé et a fait des erreurs d'éducation, sans se justifier. Lorsque nous sommes adultes, nous savons bien que nos parents ont fait ce qu'ils ont pu, sans doute avec la meilleure bonne volonté, avec les moyens et les connaissances de l'époque et sans doute au nom de l'amour. Il est donc inutile qu'ils se justifient. Il est juste essentiel qu'ils reconnaissent (comme dans le paragraphe précédent) qu'ils n'ont pas été un parent parfait, ce qui donnerait la place du mauvais objet à l'enfant. Nombreux sont les ex-enfants ayant subi des maladresses (voire des maltraitances) qui s'épuisent, 20, 30, 50 ans plus tard à essayer d'expliquer à leur parent qu'ils les aiment mais ont juste besoin d'être sûrs d'être aimés eux aussi, d'être reconnus à leur juste valeur, d'être acceptés inconditionnellement.

Je vous souhaite une parentalité épanouissante et constructive !

Bibliographie

Bales Ellen, *Cerveau et émotions à l'adolescence. Les neurosciences au service des compétences sociales et émotionnelles dans l'enseignement*, Elllipses, 2022

Bidar Abdennour et Meirieu Philippe, *Grandir en humanité*, Autrement, 2022

Cuerq Marion, *Une enfance en nORd*, Marabout, 2023

Debarbieux Éric, *L'Impassse de la punition à l'école*, Armand Colin, 2022.

Faure Jean-Philippe, *Éduquer sans punitions ni récompenses*, Jouvence, 2021

Filliozat Isabelle , *Au cœur des émotions de l'enfant*, Marabout, 2019

Filliozat Isabelle, *J'ai tout essayé*, Marabout, 2019

Grohan Noémya, *De la rage dans mon cartable*, Hachette, 2014

Gueguen Catherine, *Pour une enfance heureuse*, Pocket, 2015

Guyon Alice, *Comment enrichir son environnement pour aller mieux ?*, Ovadia, 2019

Lenoir Frédéric, *Le Désir, une philosophie*, Flammarion, 2022

Maurel Olivier, *De l'enfant protégé à l'enfant corrigé*, L'Harmattan, 2022

Maurel Olivier, *Oui, la nature humaine est bonne*, Robert Laffont, 2009

Miller Alice, *C'est pour ton bien*, Flammarion, 2015

Ricoeur Paul, *Le Juste, la justice et son échec*, L'Herne, 2006

Siegel Daniel, *Le Cerveau de votre ado*, Les Arènes, 2018

Trouchaud Marie-Jeanne, *Apprenez-leur la liberté*, First, 2022

Trouchaud Marie-Jeanne, *Donnez confiance à votre enfant*, Plon, 2018

Remerciements

Mes remerciements vont tout d'abord et du fond du cœur à toute l'équipe de l'association Géode, qui a décidé de soutenir mon travail avec confiance, car nous partageons la même vision humaniste et respectueuse et le même désir passionné d'aider les ADO-rables et leurs parents, ainsi que les professionnels de l'adolescence : Gérard Betti, Julien Thuilliez, Nathalie Lecouteur, Magali Massa, Laurence Dionigi-Lunati, Fabrice Fiorucci, Leïlla Pecqueux, Alice Guyon, Roselyne Giacchero, Michèle Ottombre-Borsoni, Emmanuel Leroy. Chacun, dans son domaine de compétence, œuvre avec enthousiasme et générosité pour organiser des colloques, des formations, des conférences… à chacun, mon amicale gratitude !

Merci à mes enfants, Pierre et Sophie, et petits-enfants, Paul, Rémy, Thomas et Martin, qui m'encouragent pour chaque nouveau livre, comprennent mon engagement et me partagent des anecdotes et expériences.

Merci à l'équipe des éditions First, notamment Julie Mege, pour la confiance renouvelée et l'accompagnement efficace.

Et puis merci, un grand merci aux amis, aux proches, à tous ceux qui m'ont accompagnée, qui m'ont questionnée ou m'ont fait la confiance de partager leurs points de vue ou leurs expériences, notamment Soufiane Margoube, Housni Zbaghdi, Manoëlle Thienpont…

À propos de l'auteure

J'ai toujours honni la violence et tenté d'apporter, à mon entourage, à ma famille mais aussi dans ma vie professionnelle, de la gentillesse, de la tendresse, de la douceur, de la joie de vivre, du vivre-ensemble harmonieux et de la bienveillance.

Ma conviction est que le tout-petit est une « machine à bonheur », mais que des blessures émotionnelles vont faire « grain de sable dans cette machine à bonheur » et provoquer des dysfonctionnements dans le comportement des adultes.

Après un début de parcours professionnel dans l'enseignement, je suis devenue formatrice en relations humaines, puis thérapeute, auteure, conférencière. J'essaye, modestement mais sans relâche, de contribuer à l'avènement d'un monde moins violent. J'essaye d'aider les personnes que j'accompagne à guérir de leurs blessures émotionnelles (quelle qu'en soit la gravité) et à reprendre confiance en elles.

Je suis également cofondatrice de l'association Savoir Être et Vivre Ensemble avec Frédéric Lenoir, Martine Roussel-Adam et Liliana Linderberg.

Cet ouvrage est le 8ᵉ. Tous traitent des émotions, des causes de conflit ou de violence et des moyens d'y remédier.

Site : www.marie-jeanne-trouchaud.com